# 마음경영의 기술

# 마음경영의 기술

오세란 지음

해피&북스

나는 대학을 공과대학 기계공학과를 나왔습니다. 시골에서 태어났기 때문에 적성이 어떻고 꿈이 어떻고 그런 것 따위는 몰랐습니다. 그저 가난했기에 대학 졸업하고 취업이 잘 되는 과를 선택했습니다. 물론 고등학교 때 수학과 물리를 곧잘 한 탓도 있었을 것입니다. 공과대학을 나온 덕분에 자동차 전문 기업인 K 그룹에 공채 입사하여 11년 동안 기술연구소에서 설계도 했고 연구기획, 기술관리 등의 업무를 했습니다. 하지만 가르치는 것이 좋아서, 즐거워서 1996년 7월 그 잘나가던 회사를 그만두고 인생을 재설계했습니다. 현재의 창조경영연구원을 창업하고 또한 경영대학원 석사과정에 입학하여 공부도 다시 시작했습니다. 그때 내 나이가 서른아홉이었습니다. 누가 뭐래도 모험이었고 무모하기까지 했습니다. 아내의 반대는 말할 것도 없었습니다. "좋은 회사에서 인정받고 있는데 왜 그만두려고 하느냐"였습니다. 백번 맞는 말이었습니다.

그러나 다람쥐 쳇바퀴 도는 듯한 직장생활이 왠지 살맛이 나지 않았고 또한 미래도 보이지 않았습니다. 해서 며칠 몇 날이고 아내를 설득 또 설득 했습니다. 몇 년 전 아들과 함께 등산을 갈 기회가 있었는데 아들 녀석이 하는 말에 가슴이 찡했습니다. 초등학교 3학년 때 아빠가 멀쩡하게 다니던 회사를 그만 두겠다고 엄마와 말다툼을 하는 것을 우연히 듣고 어린 나이라 이해를 못했는데 지금에 와서 생각해보니 아빠가 왜 그런 결단을 했는지 조금은 알 것 같다는 얘기였습니다. 우연찮게도 내가 회사를 그만두고 1년 6개월 후 IMF외환 위기가 왔고 내가 다니던 회사는 다른 회사로 넘어가게 되었습니다. 해서 나의 입사동기들은 대부분 얼마 있지 않아 사표를 쓰고 회사를 나와야 했습니다. 한때 잘 나갔던 그들이 지금은 어디에서 무엇을 하고 있는지 독자 여러분들의 상상에 맡기겠습니다.

비록 우화이지만, 솔개는 날 짐승 중에 가장 오래 산다고 합니다. 무려 70년을 살 수 있다고 합니다. 그러나 솔개는 40년을 살고 나면 6개월가량 뼈를 깎는 갱생의 과정을 거쳐야만 30년을 더 살 수 있다고 합니다. 왜냐하면 40년을 살고 나면 부리와 발톱은 무디어져서 사냥을 할 수 없고 깃털은 너무 늙고 무성해져서 잘 날 수가 없다는 것입니다. 그래서 부리를 바위에 부딪쳐 깨고, 새로 난 부리로 발톱을 뽑습니다. 그리고 새로 난 발톱으로 깃털을 다 뽑으면 새 깃털이 나므로 다시 사냥을 할 수 있게 되어 30년을 더 산다는 것입니다. 나도 이런 솔개와 같이 회사를 과감히 그만두고 역경의 갱생과정을 거쳐 이제 새로운 분야에서 정상을 향해 힘차게 뛰고 있습니다. 인생의 2모작을 살고 있는 것입니다. 그 누가 나를 해고 시킬 것입니까? 단 한분, 고객밖에 없습니다. 이것이 바로 갱생(변화)의 결과이며 가치입니다. 나에게는 앞으로, 나를 사랑해주고 불러주는 고객과 건강이 있는 한 정년이란 없습니다.

지난 2008년 미국에서 시작된 글로벌 금융위기의 한파로 기업들이 너무 어려움을 겪는 것을 현장에서 지켜보면서 내 자신이 그들에게 아무것도 해줄 수 없다는 것이 너무 안타까웠습니다. 해서 어려움에 처해 있는 지인들에게 뭔가 도움이 될 수 있는 것이 없을까 고민하다가 그들에게 작은 위로의 메시지라도 전하는 것이 의미가 있겠다 싶어 2009년 7월부터 '희망편지'라는 이름으로 내가 강의하면서 많은 사랑을 받았던 내용들을 담아 메일로 보내게 되었습니다. 이 메일이 이렇게 결실을 맺어 한권의 책으로 탄생하게 되었습니다. 이 책이 있기까지 격려해주시고 애써주시고 기도해주신 모든 분들께 깊은 감사의 인사를 올립니다. 감사합니다.

오 세 란

# _제1장 마음경영으로 초대

# _제2장 변화와 자기경영

## _제3장 행복한 일터 만들기

# 마음 경영으로
# 초대

# 당신은 마음의 톱날을 갈고 계십니까

두 사람의 나뭇꾼 이야기입니다. 두 나무꾼은 땀을 뻘뻘 흘리면서 열심히 톱으로 나무를 자르고 있었습니다. 겉으로는 두 사람 모두 열심히 일하는 것처럼 보였지만, 자세히 보니 다른 점이 있습니다. '을' 이란 사람은 쉬지 않고 그저 열심히 열심히 나무를 켰습니다. "나는 톱날도 갈 시간조차 없는 사람이요. 저걸 좀 보시오 잘라야 할 나무가 엄청나게 많지 않소" … 하지만 '갑' 이라는 나무꾼은 일정한 간격으로 일하고 쉬면서 나무를 했습니다. 어느 듯 서산에 해가 걸리고 두 사람은 하루 종일 잘랐던 나무를 정리하였습니다. 그런데 이게 웬일입니까? 쉬엄쉬엄 했던 갑이 을보다 나무를 더 많이 했던 것입니다. 놀란 을은 갑에게 물었습니다. "내가 당신보다 더 열심히 일했는데 어찌 나보다 더 많은 나무를 한 것이요?" 갑이 대답했습니다. "하하하, 나는 쉴 때 마다 그냥 쉬었던 것이 아니고 톱날을 갈았소이다"

영어로 휴식을 "Take a rest"라고 합니다. 알파벳 A~Z를 1~26점으로 기준하여 점수를 메겨보면 Luck는 47점, Money는 72점인데 "Take a rest"는 100점이 나옵니다. 그렇습니다. 쉬지 않고 그저 열심히만 한다고 높은 성과가 나오는 것만은 결코 아닙니다. 적당한 휴식도 하나의 좋은 성공전략이 될 수 있습니다. 부족한 이 책이 독자 여러분의 심신을 잠시 쉬어 가는데 조금이나마 도움이 되기를 소원해 봅니다.

# 마음이란

사람을 착하게 만드는 것

사람을 좋아하게 만드는 것

사람을 사랑하게 만드는 것

자기에게 희망을 심어 주는 것

자기 자신을 다시 볼 수 있게 해 주는 것

머리와는 다른 따뜻함이 자리하는 곳

타인도 생각하게 하는 것

타인도 배려하게 하는 것

미움도 사랑으로 변하게 만드는 것
자기 얼굴
자기 눈
느낌표!!

.

.

.


지금, 당신의 "마음 평수"는 몇 평 입니까?
당신은 지금 무엇을 많이 쓰고 계십니까?
머리? 목소리? 주먹? 마음?….
마음을 많이 써야 평수가 늘어납니다.


마음의 문은 바깥쪽 손잡이가 없어서
안쪽에서 열어주지 않는 한
아무도 열고 들어갈 수 없습니다.
마음의 문을 항상 열어 두십시오!

03

# 마음의 종류

　　나는 마음을 4가지 유형으로 나누고 싶습
니다. 꽃 같은 마음, 저울 같은 마음, 산 같은
마음, 그리고 땅 같은 마음입니다. 꽃 같은 마음이란 무
엇입니까? 얼른 듣기에는 좋은 마음 같이 느껴지지만,
꽃은 처음 필때에는 화려하나 시간이 지나면 곧 시들어
버립니다. 이처럼 꽃 같은 마음이란 처음에는 화려하고
열정적이나 시간이 지날수록 시무룩해지는 유형입니다.
저울 같은 마음이란 무엇입니까? 말 그대로 사람을 대

할 때 저울과 같이 재어보고 자기에게 도움이 될 것 같
으면 다가오고 그렇지 않으면 멀리하는 유형입니다. 경
계해야 되는 타입이지요. 산 같은 마음이란 무엇입니
까? 자기 마음을 잘 들어 내어 주지 않는 마음입니다.
비밀이 많습니다. 이런 유형도 그다지 바람직하지 못한
유형입니다. 투명하고 마음을 잘 여는 사람이 좋은 사람
입니다. 마지막으로 땅과 같은 마음입니다. 땅은 생물체
에게 영양분을 주고 열매를 줍니다. 그렇습니다. 땅 같
은 마음은 다른 사람에게 유익을 주고 자기 것을 아낌없
이 나눠주는 섬김의 마음입니다. 여러분 모두가 땅 같은
마음을 가진 사람이 되기를 소망해봅니다.

# 04

# 마음경영 프로세스

사람이 행동을 할 때는 생각하자마자 곧바로 행동으로 이어지는 것이 아닙니다. 짧은 순간이지만 몇 단계의 과정을 거쳐 행동으로 나타나는 것입니다. 사람은 행동을 하기 전에 먼저 생각을 합니다. 생각은 대체적으로 여러 가지를 합니다. 좋은생각, 나쁜생각 등등…. 다음은 여러 가지 생각들을 숙고합니다. 이 단계를 사고단계라고 합니다. 그러다가 그 여러 가지 생각들 가운데 마지막 한 가지 생각을 최종적으로 선택합니다. 이것을 태도 또는 마음가짐이라고 합니다. 이 태도가 곧 바로 행동으로 나타나는 것입니다. 따라서 사람들에게는 태도가 매우 중요합니다. 왜냐하면 태도는 행동의 전단계이기 때문입니다. 그래서 좋은 사람이 되기 위해서는 나쁜 생각보다는 좋은 생각을 많이 해야 합니다. 그래야 확률적으로 좋은 태도가 많이 형성되기 때문입니다. 이 행동이 여러 번-보통은 연속하여 3주, 즉 20일 이상-반복되면 습관이 됩니다. 이 습관이 그 사람의 인격을 형성하게 되고 그 인격이 바로 인생의 운명을 좌우합니다.

무엇보다도 행동의 프로세스 중 가장 중요한 단계는 태도Attitude입니다. 전 정보통신부 장관이었던 진대제씨는 영어 알파벳으로 인생을 풀어 보았습니다. 앞에서 잠깐 언급했듯이 A~Z를 1~26점으로 기준하여 점수를 매겨본 결과 Luck은 47점, Money는 72점, Knowledge는 96점, Hard work는 98점, Fortune은 99점 이였으나, Attitude는 100점 이었습니다. 그 만큼 성공적인 삶을 살기 위해서는 태도가 중요하다는 의미겠지요. 마음경영이란, 이 태도를 조절할 수 있는 능력을 말하는 것입니다. 마음경영을 잘 하게 되면 자신감이 회복되고 좋은 태도를 유지하게 됨으로 올바른 행동이 나타나 결국에는 성공적인 자기변화를 꾀할 수 있게 됩니다.

# 05

# 왜 마음경영인가

1987년 6월 29일 노태우 전 대통령의 소위 '6·29선언'으로 산업계에는 민주화바람이 불기 시작하였습니다. 그동안 오직 헝그리 정신으로 희생하고 양보했던 현장의 노동자들은 거침없이 집단행동으로 들어갔고 노사분규가 장기화 되면서 산업현장은 황폐화되어 갔습니다. 더불어 해마다 인건비는 오르지만 노동생산성은 답보상태가 되면서 기업의 경영성과도 악화되었습니다. 경영자들은 이런 위기를 돌파하기 위

해서 구조조정에 들어갔고 그런 극단적 조치가 악순환
이 되면서 갈등은 더욱 심화되어 갔습니다. 이러한 사태
로 애사심은 붕괴되고 이기주의, 적당주의, 물질만능주
의, 도덕적 해이 등의 현상이 나타나면서 기업의 성장
에너지는 점점 상실되어 갔습니다.

나는 정情과 사랑이 붕괴되어 버린 우리 산업현장을
안타까워하면서 어떻게 하면 회복시킬 수 있을까를 고
민하고 또 고민하였습니다.

미국의 베렐슨B. Berelson과 스테이너G. A.
Steiner박사는 그들의 경영성과 이론에서 "조직 구성원
들에게 동기부여를 지속적으로 함으로써 경영성과를 높
일 수 있다"라고 역설하였고, 그 학습방법론으로 '심리
기법'이 가장 유효함을 제시하였습니다.

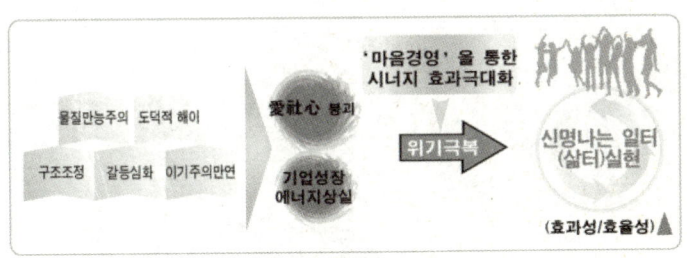

나는 이 학설에 관심을 기울였고 '머리의 혁신'이 아
니라 '마음의 혁신'만이 고착화되어 버린 직장 분위기
를 바꿀 수 있음을 내 사랑하는 친구 박익수 선생과 함
께 창안해 내었습니다. 마음으로 회사를 경영하면 '빛
바랜 일터'가 '빛나는 삶터'로 바뀝니다. 일터에 웃음
과 활력이 넘치고 출근이 즐거워집니다. 상사만 보면 힘
이 나고 자꾸자꾸 아이디어가 나옵니다. 내가 무엇을 해
야 할 지를 먼저 알아 스스로 맡은 바 책무를 다합니다.
마음으로 경영하면 신명나고 행복한 일터가 됩니다.

# 06

# 마음경영의 출발점은 자아성찰

한국 사회가 다른 나라에 비해 갈등이 많은 이유로 '자아상'이 건강하지 못하다는 주장이 있습니다. 타당성이 있는 주장입니다. 저를 비롯한 다수의 한국 사람들은 남은 잘 알면서 오히려 자기 자신은 잘 모릅니다. 그 이유야 여러 가지 있겠지만 자아에 대한 성찰의 부족에서 온다고 봅니다. 따라서 다른 사람과의 좋은 관계를 유지하기 위해서는 자기 자신에 대한 정확한 이해가 먼저 선행되어야 합니다. 즉, 자신의 장

점과 단점을 먼저 알아야 합니다. 자기 눈에 있는 들보는 못 보면서 남의 눈의 티를 문제 삼는 어리석음을 범하면 안됩니다. "나는 누구인가", "나는 무엇을 위해 사는가?", "나는 잘 살고 있는가?" 등의 질문을 끊임없이 자신에게 해야 합니다.

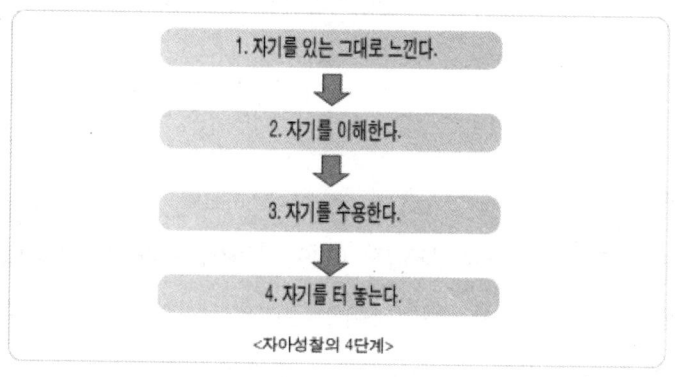

1. 자기를 있는 그대로 느낀다.

⬇

2. 자기를 이해한다.

⬇

3. 자기를 수용한다.

⬇

4. 자기를 터 놓는다.

&lt;자아성찰의 4단계&gt;

나를 보는 것, 나를 봄으로써 얻는 이미지가 곧 자아상입니다. 건강한 자아상은 마음경영의 출발점입니다. 철학자 탈레스Thales는 "세상에서 가장 쉬운 일은 남을 비판하고 판단하는 일이며, 가장 어려운 일은 자기 자신을 아는 일이다"라고 했습니다. 건강한 자아상을 가진 사람은 마음이 건강한 사람입니다. 즉, 마음짱입니다. 끊임없는 자기와의 대화, 명상 및 기도, 그리고 자기 사랑을 통하여 마음이 건강한 사람이 됩시다.

# 운명은 마음먹기에

중국 우화에 나오는 이야기입니다.

옛날에 한 장수가 군사를 이끌고 아군보다 10배나 많은 적군과 전쟁을 하게 되었습니다. 싸움터로 가던 도중에 장수는 갑자기 말에서 내려 길가에 있는 작은 사당에서 간절히 기도를 하기 시작하였습니다. 한참 동안 기도를 마치고 난 장수는 군사들 앞에 나와 동전 하나를 내 보이면서 소리쳤습니다.

"내가 기도하던 중 신에게 계시를 받았다. 지금 이 동전을 던져 만일 앞면이 나오면 우리가 승리할 것이요, 뒷면이 나오면 우리가 패할 것이다. 자, 이제 우리들의 운명은 신의 손에 달려있다!" 하고 그 동전을 하늘 높이 던졌습니다. "땡그랑" 군사들 앞에 떨어진 동전은 앞면이 나왔고 군사들은 모두 환호 했습니다.

"우리가 이긴다"

"반드시 이긴다"

"빨리 가서 적을 쳐 부수자!"

사기가 충만한 군대는 숫자적 열세에도 불구하고 결전 끝에 승리를 이끌어 내었습니다. 돌아오는 길에 이상하게 여긴 보좌관 한 사람이 장수에게 물었습니다.

"장군님, 신이 결정한 운명은 그 누구도 바꿀 수 없군요…"

그때 장수는 보좌관에게 던졌던 동전을 보여주었는데 놀랍게도 양쪽 다 앞면이었습니다. 이기고 지는 것은 '마음먹기'에 달렸습니다. 마음가짐Attitude이 성공의 열쇠입니다.

# 마음을 잘 쓰면 장수합니다

남에게 나누어 주는 마음씨 고운 사람이
자기만을 생각하는 사람보다 더 오래 산다는
연구결과가 나왔습니다.

미국 미시간 대학 사회연구소의 스테파니 브라운
Stephanie Brown 교수는 1987년부터 5년 동안 423
쌍의 노년 부부를 무작위로 뽑아 이들이 노년의 삶에 친
구·친척·이웃에 어떤 도움을 주는지 또는 어떤 도움
을 받고 사는지를 물어 사망률과 비교하였는데, 이 기간

에 사망한 134명의 나이·성·건강 등 여러 요인을 감안해 분석해본 결과, '남을 돕고 산 사람이 그렇지 않은 사람보다 오래 산 반면, 남한테 도움을 받은 사람은 오래 사는 것과 관련이 없다' 라는 결론을 내렸습니다. 브라운 교수는 "남에게 도움을 주면서 사는 것이 장수의 비결"이라며, 도움을 받는 것이 수명 연장에 도움이 된다는 종전의 연구와 배치되는 주장을 하였습니다.

　베품의 삶, 나눔의 삶은 결코 말처럼 쉽지 않습니다. 특히 측은지심測隱知心과 자비심이 없으면 불가능 합니다. 성공은 자신 혼자만의 능력으로 결코 이루어지지 않습니다. 성공의 위치에 이르기까지 주변의 수많은 사람들의 도움과 관심이 있었기에 가능했습니다. 따라서 내가 먼저 받았으니 이제 당연히 돌려주어야 하는 것입니다. 그런 삶이 진정한 성공의 삶이요, 장수의 복도 함께 누릴 수 있는 축복된 인생입니다.

# 하산下山하시오

어느 대학의 철학과 교수가 있었습니다. 그는 한국에서 명문대학을 나와 미국 저명한 대학에서 철학 박사 학위를 받고 한국에 돌아와 모대학에서 동양철학을 가르쳐 왔습니다. 자신에 대한 자부심이 있었기에 그는 강단에서 열정적으로 강의를 해왔습니다. 그러던 어느 날 지리산 산자락 조그마한 암자에 계신 스님이 동양 철학에 도道의 경지에 이르렀다는 소문을 듣고 그 스님을 찾아 나섰습니다. 한수 배우기 위해서였습니다.

그는 한참을 힘들게 산을 올라 드디어 그 유명한 스님을 만나게 되었습니다. 스님은 정중히 그 교수님을 자기 방으로 초대하고 차茶를 준비하였습니다.

"교수님! 험한 곳까지 오신다고 수고 많았습니다. 먼저 차나 한잔 하시면서 숨을 돌리시죠…."

그러나 교수는 스님의 배려에 아랑곳하지 않고 자기 자랑에 열을 올리고 있었습니다. 스님은 어이가 없었습니다. 한수 가르침을 받겠다고 온 사람의 태도가 아니었던 것입니다. 스님은 조용히 교수 앞에 찻잔을 내밀고 차를 따랐습니다. 드디어 차는 찻잔을 모두 채우고 밖으로 흘러넘치고 있었습니다. 그래도 스님은 계속해서 차를 따르고 있었습니다. 그제서야 이 장면을 목격한 교수는 "스님, 차가 넘치고 있습니다!"라고 소리쳤습니다.

그때 스님은 조용히 말했습니다. "교수님, 내가 교수님에게 가르쳐 드릴 것은 아무것도 없는 것 같으니 그만 하산下山하시지요!"

가득 차 있는 그릇에 더 이상 무엇을 담을 수 있겠습니까? 머리를 비우고, 욕심도 버리고, 그저 겸손한 자세가 되어져야 다른 사람의 도움을 받을 수 있습니다.

# 우리가 버려야할 나르시시스트

나르시시스트Narcissist란 심리학적 용어로, 과도한 자기존대 성향의 자기주의자를 말합니다. 우리가 어릴 때 읽었던 안데르센 동화 속에 쇠똥구리와 같은 존재입니다. 즉 자아도취적이고, 자기과시적이며, 지위에 대한 강한 욕구를 지닌 존재입니다. 나르시시스트가 조직에서 문제가 되는 이유는 자신을 과대평가 하는 태도에 문제가 있다기 보다는 타인을 평가 절하하는 태도가 더 문제입니다.

직장에서 나르시시스트의 행동 형태를 보면 ①타인의 관계에는 관심이 없고, 오로지 자기 칭찬 받기만을 갈구하는 행위, ②자신의 아이디어가 실제 조직 발전에 유용한지 검증받기 보다는 무조건 박수 받기를 원하며, ③무엇인가를 배우려 하기 보다는 배우지 않고도 옳기를 바라고, ④성공의 열매는 자신이 취하고, 실패의 책임은 타인에게 전가하는 행위로 나타납니다.

달마대사는 사람의 마음을 다음과 같이 표현했습니다.

"마음이여, 알 수 없구나,
너그러울 때는 온 세상을 다 받아들이다가도
한번 옹졸해 지면
바늘하나 꽂을 자리도 없구나."

직장에서 나르시시스트는 팀워크에 암적인 존재입니다. 결코 존재해서는 안되는 것입니다. 이기주의자이며 인재人災입니다.

　따라서 나르시시스트는 마음형이 아닌 머리형입니다.
계산적으로 사는 사람입니다. 마음이 중요합니다.

# 마음경영의 꽃, 인내심

주나라를 창업한 태공망 강태공姜太公의 일 화입니다.

그는 수십 년간 낚시를 벗하며 때를 기다리는 동안 조 강지처에게도 버림당했으나 검은 머리가 백발이 되고서 야 문왕 서백을 만나 마침내 은나라 주왕을 멸하고 주나 라를 건국하였습니다. 그뿐 아니라 중국의 삼국을 통일 한 사람도 조조, 유비, 손권, 제갈공명도 아닌 자기 자 신을 알고 때를 기다렸던 사마위가 천하통일을 하였습니다.

일본도 마찬가지 입니다. 오다 노부다가, 도요토미 히데요시가 아니라 오랫동안 참고 기다렸던 도쿠가와 이에야스가 최후 승리자가 되었습니다.

"인내는 쓰고 그 열매는 달다"라는 말도 있듯이 참고 기다리다 보면 분명 좋은 때가 올 것입니다. 그러나 잊지 말아야 할 것은 철저히 준비하면서 기다려야 한다는 것입니다. 느림의 미학이라는 말도 있듯이 마음경영의 꽃이 곧 인내심입니다.

_ 제2장

# 변화와
# 관리

# 12

# 인생과 변화

여러분은 '인생'이 무엇이라 생각하십니까? 구름, 바람, 안개, 하숙생…. 대부분의 시인들은 인생을 허무적이거나 아니면 잠깐 왔다가는 것으로 표현하고 있습니다. 그러나 나는 경영학자임으로 인생을 경영학적 관점에서 정의를 해본다면, 인생은 'B to D'라고 생각합니다. B는 Birth(탄생), D는 Death(죽음)입니다. 즉 인생이란 '탄생에서부터 죽음까지'라고 말할 수 있습니다. 그러면 또 한번 질문을 하겠습니다. B와 D사이엔 무엇이 있습니까? 그렇지요 'C'입니다. 즉, Change(변화)입니다. 인생은 탄생에서 부터 죽음까지인데 그 중간(과정)에 '변화'가 있습니다. 따라서 인생은 '변화의 연속'이라 할 수 있을 것입니다. 누구도 인생을 살아가면서 '변화'를 무시하고 살 수는 없습니다.

인생에서 성공하기 위해서는 끊임없는 변화속에서 어떤 선택을Choice하느냐가 매우 중요합니다. 대부분의 사람들은 변화가 오면 두 가지 형태로 반응합니다. 변화를 '위험Risk'으로 받아들이는 부정적 선택의 유형이 있고, 반대로 변화를 '기회Chance'로 받아들이는 긍정적 선택의 유형이 있습니다. 인생에서 성공하는 사람은 변화, 즉 위기危機가 왔을 때 이를 '위험'이 아니라 '기회'로 받아들이는 사람입니다. 어떤 프로그램에서 마이크로소프트社의 빌게이츠 회장에게 그의 성공비결을 물었는데, 그는 다음과 같이 힘주어 대답했습니다. "나는 힘이 센 강자도 아니고, 그렇다고 두뇌가 뛰어난 천재도 아닙니다. 다만 날마다 새롭게 변했을 뿐입니다. Change의 'g'자를 'c'로 바꿔 보십시오 Chance가 되지 않습니까? 변화 속에 반드시 기회가 숨어 있습니다. 이제 당신에게 남은 것은 Chance 뿐입니다…."

사람은 평균적으로 일생을 통해 기회가 세네번 정도 온다고 합니다.

그러나 대부분의 사람은 기회가 왔는지도 모르고 지나갑니다. 왜 입니까? 변화에 민감하지 못하기 때문입니다. 변화는 자연의 법칙입니다. 나도 모르는 사이에 도둑 같이 왔다가 가버립니다. 따라서 항상 깨어 있어야 그 변화를 느낄 수 있습니다.

# 13

# 디지털 시대의 경영환경

현재 우리가 살고 있는 세상을 디지털 시대라고 합니다. 디지털 시대는 20세기의 아날로그 시대와 여러 면에서 확연히 다릅니다. 디지털 시대의 특징을 크게 3가지로 요약하면 '불확실성', '약육강식', '다원주의'로 표현할 수 있을 것입니다.

이를 좀 더 상세히 설명해보면, 첫 번째로 디지털시대는 '불확실성'의 시대입니다. 아날로그 시대에서는 미래 예측이 어느 정도 가능했었습니다. 그래서 기업들은

3년 후 길게는 10년 후까지 미래의 비전 및 경영전략을 수립할 수 있었습니다. 그러나 오늘날의 디지털 시대에서는 이런 중장기적 예측이 별로 의미가 없습니다. 내일의 예측도 어려운 시대이기 때문입니다. 예를 들어 일기예보의 경우를 보면 보통 주요방송매체마다 1주일분을 예측 보도하지만 그 정확도가 얼마나 높습니까? 그래서인지 많은 국민들은 일기예보를 그다지 믿지 않는 것 같습니다. 왜 그렇습니까? 우리나라 기상청의 능력이 부족해서입니까? 아닙니다. 지구 온난화 등으로 말미암아 기후가 예측과 달리 갑자기 바뀌기 때문입니다. 이러한 현상은 산업분야에서도 예외는 아닙니다. 디지털 시대는 정보통신기술의 발달 및 소비자들의 욕구 다양화로 하루하루가 변화무쌍합니다. 아침 다르고, 저녁이 다릅니다.

디지털 시대의 두 번째 특징은 '약육강식'입니다. 즉 경쟁논리의 원리에서, 경쟁력이 강한 조직이 약한 조직을 마치 정글의 법칙처럼 거침없이 집어 삼킵니다. 기업

사냥M&A이 일반화 되었습니다. 따라서 영원한 일등은 없습니다. 조금만 방심하면 2등이 되고 3등이 됩니다. 1등을 하지 못하면 어떠한 조직도 결코 생존을 보장 받을 수 없습니다.

세 번째 특징으로는 '다원주의'라 할 수 있습니다. 즉, 다변화에 따른 소비자들의 욕구가 너무도 다양하고 지극히 개인적입니다. 기업이 만든 생산품(제품 또는 서비스)을 최종적으로 판단하고 선택하는 대상은 소비자, 곧 고객입니다. 따라서 고객의 마음을 사로잡지 못하는 기업은 결코 살아남지 못합니다. 고객은 변덕스러울 정도로 늘 새로운 것을 요구합니다. 왜냐하면 고객은 왕이기 때문입니다.

# 14

# 영원한 1등은 없다

기업의 생존경쟁은 마치 정글의 법칙과도 같습니다. 즉, 약육강식弱肉強食입니다. 경쟁력이 없으면 파산 아니면 경쟁력이 있는 다른 기업에 인수합병M&A 당합니다. 어떤 기업도 영원한 1등은 없습니다. 자동차 업계 최고 강자로 군림해 왔던 GM社도 2008년에 몰아 닥친 글로벌 경제위기에 좌초되고 말았습니다. 한동안 컴퓨터 업계를 선도해왔던 컴팩 COMPAQ社도 자기 회사의 하청업체였던 휴렛패커트

HP에 넘어갔고, 일본의 자동차 업계 2위인 닛산 NISSAN도 프랑스의 르노자동차에 인수 합병되었습니다. 우리나라도 예외는 아닙니다. 한때 재계 3위로 부상되었던 대우그룹, 7~8위를 했던 기아그룹 등도 파산, 해체 또는 인수합병 되었습니다. 영원한 1등은 없습니다.

망하는 기업에게는 3가지 공통된 이유가 있습니다. 첫째는 변화에 주도적으로 대처하지 못함에 있습니다. 둘째는 현금흐름Cash Flow 관리의 미흡합니다. 소위 말해서 흑자도산을 말합니다. 셋째는 노사관계의 불안입니다. 몇 년, 아니 십수년 동안 한해도 쉬지 않고 분쟁, 파업이 계속된다면 그 어떠한 기업도 살아남을 수 없습니다. 왜냐하면 1등과 2등의 차이가 거의 없는 치열한 경쟁의 구조에서, 몇 달씩 정상 조업을 하지 못하면 절대로 1등이 될 수 없습니다. 1등과 2등은 비록 숫자적으로 1밖에 차이가 나지 않지만 그 가치 면으로는 엄청난 차이가 납니다. 경마에서 1등 말과 2등 말의 차이는 비록 간발의 차이나 1등의 상금은 2등보다 무려 10배 이상이나 차이가 난다고 합니다. 비즈니스에서도 마찬가지 원리입니다. 이 '약간의 우세'가 지니고 있는 의미와 효과는 대단히 중요한 것이며, 바로 성공과 실패를 좌우하기도 합니다.

1등 기업에겐 특별한 'DNA'가 있습니다. 예를 들면 탁월한 CEO의 리더십, 전략을 실행하는 스피드, 투명하고 공정한 회계, 세계적인 브랜드, 시대 흐름을 놓치지 않는 변화관리능력, 적과의 동침, 화합적 노사관계, 창조경영의 실천, 탁월한 기술력, 행복한 일터, 유연하고 창조적인 조직 문화 등입니다.

# 15

# 인기 스포츠의 진화

나는 스포츠를 좋아합니다. 축구, 야구, 농구, 배구, 육상 등 종목을 가리지 않고 스포츠라면 거의 좋아합니다. 그리고 몇몇 종목은 곧잘 하기도 합니다. 내가 어릴적 초등학교 저학년때에는 레슬링이 최고의 인기 종목이었습니다. 공무원이셨던 아버지 덕분에 시골에서도 TV를 볼 수 있었습니다. 레슬링은 그 당시 최고의 인기 드라마 '여로'와 버금갈 정도로 인기가 좋았습니다. 박치기왕 김일 선수는 거의 신神과 같은 존재였습니다. 그가 박치기를 하여 역전을 할 경우에는 동네가 떠나갈 듯 환호를 했습니다. 중학교에 들어가면서 권투가 새로운 인기 종목이 되었습니다. 4전 5기의 홍수환 선수가 세계 챔피언을 먹었을 때 그 감격은 아직도 기억에 생생합니다. 목이 터져라 '대한민국'을 외쳤으며 그것은 애국심愛國心이었습니다. 곧 조국 대한민국을 사랑하는 마음이었습니다. 마음은 감동입니다.

하지만 새 천년 들어오면서 과거의 인기 종목이었던 레슬링, 권투 등은 이제 거의 보지 않는 비인기종목이 되었습니다. 이제는 K-1, 프라이드, UFC로 대변되는 이종격투기가 대세입니다. 시대의 변화, 즉 아날로그에서 디지털 시대로 바뀌면서 인기 스포츠도 바뀐 것입니다. 이처럼 스포츠도 변합니다. 아날로그 시대의 인기 종목이었던 권투는 체급별로 나누어서 작은 선수는 작은 선수끼리, 큰 선수는 큰 선수끼리 경기를 했습니다. 그러나 이종 격투기는 체급별로 거의 나누지 않고 '통합챔피언'을 선호합니다. 체중에 관계없이 무조건 싸워서 이기는 사람이 승자입니다. 따라서 키와 체중이 적은 사람이 절대적으로 불리합니다.

나는 2006년도 K-1 서울대회 결승전을 생생이 기억합니다. 씨름선수였던 골리앗 최홍만 선수가 K-1으로 데뷔해 첫 시합인 서울대회에서 예상을 뒤엎고 결승전에 진출 하였습니다. 그가 씨름 선수에서 K-1선수로 데뷔한지 불과 3개월 정도였습니다. 엄청난 체격조건이 그를 결승에 올려놓았습니다. 그는 겨우 기본적인 권투기술이 주 무기였습니다. 하지만 그의 결승전 상대는 태국의 무에타이 챔피언인 카오클라이라는 선수였습니다. 테크닉으로 볼 때 최홍만 선수는 게임도 안 되었습니다. 하지만 놀랍게도 최홍만 선수가 챔피언이 되었습니다. 탁월한 체격 조건의 승리였습니다.

기업도 마찬가지입니다. 아날로그 시대에는 대기업보다 중소기업에 정부의 혜택이나 보호정책이 많았습니다. 중소기업이 하는 아이템을 대기업이 못하도록 하는 보호제도도 있었습니다. 하지만 우리나라가 WTO,

OECD에 가입하면서 그런 보호망은 모두 거두어졌습니다. 중소기업이든 대기업이든 상관없이 세계 시장을 무대로 무한 경쟁하면서 무조건 이겨야만 살아남는 생존의 법칙이 성립되었습니다. 마치 이종격투기의 경기방식과 같은 원리입니다. 따라서 디지털 환경에서의 중소기업은 대기업보다 몇 배의 노력을 더 기울여야 합니다.

# 변화는 생각보다 잘 되지 않습니다

성공인생을 살기 위하여 날마다 나를 변신 시키는 것은 선택이 아니라 필수라고 할 수 있으나 생각보다는 변화가 잘 되지 않습니다. 왜냐하면 변화는 '자연의 법칙이며, 익숙한 것과 다르게 하는 것' 이기 때문입니다. 변화가 '자연의 법칙' 이라는 의미는 피하려고 해도 피할 수 없는 것이며 우주에 존재하는 모든 것은 정체하지 않고 반드시 변한다는 것입니다. 따라서 우리는 일생을 통하여 한두 번 변해야 되는 것이 아니라, 헤아릴 수 없이 날마다 변해야 된다는 뜻입니다. '日新又日新' 해야 합니다. 또한 변화는 '익숙한 것과 다르게 하는 것' 입니다. 따라서 변화는 노력과 고통을 수반해야 합니다. 그저 가만히 편안히 있다면 결코 되는 것이 아닙니다. 목표를 세우고 단단히 마음을 먹고 이를 성취하도록 최선을 다해서 노력해야 합니다. 이 세상에는 노력 없이 되는 것은 결코 존재하지 않습니다. 21세기 디지털 시대의 생존 법칙은 "必變即生, 不變即死"입니다. 즉 변화하고자 하는 사람(기업)은 반드시 살고, 변화하지 않는 사람(기업)은 반드시 죽습니다. 이글을 읽으시는 여러분은 어떤 선택을 하시겠습니까?

# 17

# 변화에 대처하는
# 조직구성원의 유형

변화가 '익숙한 것과 다르게 하는 것'이기 때문에 변화에 대처하는 조직 구성원들의 유형도 크게 4가지로 나타납니다.

첫 번째 유형은 유지자Sustainer 입니다. 즉 그저 변화를 싫어하고 현상 유지를 선호하는 유형입니다. 이런 유형으로는 변화의 시대인 디지털 시대에서 결코 살아남을 수가 없습니다.

두 번째 유형은 몽상가Dreamer 입니다. 변화 욕구는 높지만 실행력이 부족한 유형입니다. 생각을 실행으로 옮기는 것은 결코 쉬운 일이 아닙니다. 간단한 습관 하나라도 바꾸기 위해서는 피나는 노력이 수반되어야 합니다. 말만 많고 행동이 따르지 않는 사람이 조직에 많으면 절대 좋은 성과를 낼 수 없습니다.

세 번째 유형은 도전자Challenger 입니다. 실행력은 높지만 변화 욕구가 부족한 유형입니다. 말보다 묵묵히 자기 맡은바 책임을 다하는 유형입니다. 조직에서 필요로 하는 사람입니다. 그러나 지금은 아날로그 시대가 아닌 변화의 속도가 빠른 디지털 시대입니다. 따라서 변화에 민감하지 않으면 안됩니다. 왜냐하면 변화를 고려하지 않고 묵묵히 하다보면 현실과 전혀 다른 성과를 낼 수도 있기 때문입니다.

마지막 유형은 혁신가Innovator 입니다. 변화 욕구와 실행력을 모두 겸비한 디지털시대의 이상적인 유형입니다. 따라서 디지털 시대에 살아남기 위해서는 조직 구성원을 혁신가Innovator로 육성, 전환시켜야 합니다. 그렇게 하기 위해서는 체계적이고 지속적인 학습을 해야 합니다. 즉 학습 조직의 구축이 반드시 이루어져야 합니다.

# 18

# Innovator = Gold Color

세계적인 미래예측학자 앨빈 토플러Alvin
Toffler는 그의 저서 '제3의 물결'과 '권력
이동' 이라는 책에서 시대의 변화에 대해 일목요연하게
정리하여 제시한 바 있습니다. 즉, 제 1의 물결은 농업
화 사회, 제2의 물결은 공업화 사회, 제3의 물결은 정보
화 사회라고 정의했습니다. 시대(세상)는 한번도 정체하
지 않고 끊임없이 변화(진화)하고 있다고 힘주어 이야기
했습니다. 또한 현재는 정보화 사회가 이미 지나가고 있

고 제4의 물결, 즉 창조화 사회에 접어들었다고 하였습니다. 창조화 사회란 끊임없이 새로운 가치를 창조하는 사회를 말합니다. 그러면 이러한 변화의 시대를 이끌어 온 주역은 누구입니까? 제2의 물결, 공업화 시대에는 블루칼라Blue Color였습니다. 즉, 산업현장에서 밤낮을 가리지 않고 열심히 일했던 현장 근로자들이었습니다. 제3의 물결, 정보화 시대에 주역은 화이트칼라 White Color였습니다. IT기술자, 벤처기업가들이 새로운 사회를 일으켰습니다. 그러면 제4의 물결, 창조화 사회의 주역은 어떤 사람입니까? 골드칼라Gold Color입니다. 즉, 앞에서 거론한 조직원의 유형 중 혁신가 Innovator와 같은 의미입니다. 그렇다면 골드칼라는 어떤 특성을 가진 사람입니까? 첫째는 몸값이 비싼 사람입니다. 조직에서 없어서는 안 되는 끊임없이 새로운 가치를 만들어 내는 사람입니다. 둘째는 녹슬지 않고 언제나 반짝반짝 빛이 나는 사람 즉, 항상 자기를 업그레이드Up-Grade하는 사람입니다. 끊임없이 자기를 개발하고 학습하는 사람입니다. 골드칼라의 세번째 특징은 전기가 잘 통하는 사람입니다. 금은 순도가 높아 구리보다 훨씬 전기가 잘 통합니다. 조직에서 전기가 잘 통하는 사람은 어떤 사람입니까? 의사소통, 커뮤니케이션, 인간관계가 좋은 사람을 말합니다. 귀와 마음이 열려 있는 사람입니다. 지금 즉시 나를 변화시켜 골드 칼라로 재탄생 합시다.

# 19

# GM은 왜 몰락했는가

 자동차 분야의 공룡기업, 재너럴 모터스 GM은 왜 몰락했습니까?

거의 불가사의한 일이 2008년 미국에서 시작된 서브 프라임 모기지 사태로 인하여 일어났습니다. GM이 몰락한 것입니다. 몰락의 직접적인 이유야 서브 프라임 모기지 사태라고는 하지만 GM의 몰락은 이미 오래전부터 예고된 것이었습니다. 나는 GM의 몰락 이유를 다음 3가지로 요약합니다.

첫 번째는 단기 판매 증대에만 치중하다 보니 장기적 전략이 부족했던 것입니다. 이글을 읽으시는 분들 중에 GM하면 생각나는 세계적인 브랜드(자동차모델)가 있습니까? 아마 대부분 사람들은 떠오르는 브랜드가 거의 없을 것입니다. 하지만 이러한 경제 불황에도 불구하고 잘 팔리는 자동차도 얼마든지 있습니다. 유명 브랜드 차종이겠지요. 즉, 도요타의 렉서스, 혼다의 어코드, 밴처의 E-시리즈 등입니다.

두 번째는 시장 변화에 대한 외면입니다. GM은 미국의 특수상황을 고려하여 중형차, 대형차 위주로 생산했습니다. 즉, 시장규모가 적고 이익이 별로 나지 않는 소형차 개발에 무관심했습니다. 그러나 글로벌 금융 위기 이후 기름 값이 1베럴당 약 150달러까지 치솟는 바람에 미국의 고객들도 어쩔 수 없이 소형차 위주로 구매 패턴을 바꾸었고 따라서 GM 차는 팔리지 않았습니다. 그러나 반대로 현대, 기아자동차는 미국시장에서 소형차 위주로 판매했기에 오히려 고유가 시대가 성장의 기회로 다가 왔습니다.

세 번째는 불안한 노사관계였습니다. 노조와의 단기 교섭을 중시하는 바람에 과도한 복지비용의 지출이 불가피 하였고 따라서 경영 적자는 눈덩이처럼 커져 갔습니다.

진화론으로 알려진 과학자 찰스 다윈은 "마지막까지 살아남은 종種은 강인한 종도 아니고, 지적 능력이 뛰어난 종도 아니고, 다만 변화에 가장 잘 적응하는 종이 결국 마지막까지 살아 남는다"라고 주장하였습니다. 그렇습니다. 힘이 가장 강했던 공룡은 현재 지구상에서 사라졌지만 힘은 비록 약하나 지혜로운 개미는 아직도 당당하게 살아남아 있습니다. 변화에 대한 신속한 적응만이 영속할 수 있는 유일한 길입니다.

# 20

# 변화의 2가지 기둥

성공적인 변화, 혁신을 위한 2가지 기둥은 '창의'와 '전원참여' 입니다. 미국의 경제학자 슘페터Schum Peter는 "혁신은 창조적 파괴의 과정이다"라고 역설 하였습니다.

즉, 혁신은 기존의 것보다 바람직한 방향으로 변화·대체 시켜나가는 지속적 활동, 그 자체라고 말했습니다.

앞에서도 말했듯이 변화는 생각대로 잘 되지 않는데 그 이유가 무엇일까요? 그것은 조직 구성원들이 창조의 혜택에 대한 기대보다는 파괴의 고통을 더 두려워하기 때문입니다. 그러면 어떻게 해야 변화(혁신)를 성공으로 이끌 수 있습니까? 모든 구성원들이 혁신의 과정에 적극적으로 동참함으로써 스스로 창조하는 분위기를 조성해나가야 합니다. 그러므로 혁신은 먼저 종업원People들의 의식Mind을 전환시켜야 합니다. 즉, 패러다임의 전환Paradigm Shift입니다. 다음으로 프로세스Process 혁신입니다. 즉 PI(Process Innovation)작업을 끊임없이 해야 합니다. 필요 없는 기능을 폐지하거나 비슷한 기능끼리 통합하여 일련의 업무처리를 더 빠르게Speed Up하는 활동을 의미합니다. 다음으로 생산물Product의 혁신입니다. 즉, 제품 또는 서비스를 더 좋게, 더 싸게 하는 작업입니다. 마지막 단계로 경영의 전반적인 시스템을 고객 지향적 기업문화로 구축하는 것입니다. 고객을 만족, 감동시키지 못하는 기업은 치열한 경쟁시대에서 결코 살아남을 수 없습니다. 그러나 아무리 좋은 혁신 기법도 조직 구성원들의 마찰이나 혁신의 저항세력은 분명히 존재하기 마련입니다. 그러한 것들을 무시하고 혁신을 진행한다면 결코 그 혁신은 성공할 수 없습니다. 인내심을 가지고 그들을 설득하여 이끌어 내야 합니다. 한사람이 꿈을 꾸면 꿈으로 끝나지만, 모든 사람이 함께 꿈을 꾸면 그 꿈은 현실이 됩니다.

# 21

# You First!

요즘 모증권회사의 TV광고에 "You First"라는 카피라이트가 있습니다. 이번 장에서는 "You First"의 기원과 일화에 대해 소개하고자 합니다.

토털우먼Total Women이라는 책을 쓴 모간 여사의 일화입니다. 모간 여사는 평소 남편의 생활태도가 마음에 들지 않아 그의 성격을 고쳐보기 위해 계획을 세웠다고 합니다. 즉 아침이면 흔들어 깨워서라도 출근을 재촉했고 그날 해야 할 일은 일일이 지시를 했을 뿐만 아니라 퇴근 후에는 곧바로 귀가하도록 다그쳤습니다. 그렇게 2년이 지났는데도 남편의 태도는 조금도 바뀌지 않고 오히려 자신의 성격만 나빠졌다고 합니다. 그래서 부인은 생각을 바꾸기로 했습니다. 즉 자기 자신이 먼저 변하기로했습니다. 아침이면 남편이 출근할 때 모닝 키스를 해주고 술에 취해 들어오는 날에는 그전보다 더욱 따뜻하게 잘해 주었습니다. 그러자 자꾸만 어긋나기만 했던 남편이 눈에 뛰게 달라지더라는 것입니다. 그렇습니다. 당신이 먼저You First, I Second의 정신이 바로 남편 모간을 변화시킨 비결이었습니다.

상대방을 변화시키기 위한 지름길은 바로 나 자신이 먼저 변하는 것입니다. 혁신과 변화는 그렇게 멀리 있는 것이 아니라 우리 주위 가까운 곳에 있으며, 바로 나부터 시작하면 되는 것입니다.

지금 이 순간, 가장 가까이에 있는 분에게 "You First"라고 한번 외쳐주세요. 행복의 메아리가 될 것입니다. "You First!!"

22

# 변화는 나부터

변화는 '나부터' 해야 합니다.

옛날 옛날 깊은 산골에 아주 멋진 사향노루가 한 마리 살았습니다. 그러나 그는 언제나 밀려오는 이상하고 불쾌한 냄새가 그를 짜증나게 했고 또 어리둥절하게도 만들었습니다. 사향노루는 자신을 향해 중얼거렸습니다. "나는 무슨 일이 있더라도 이 냄새의 근원지를 찾아내고야말겠어…." 그래서 이 용감한 사향노루는 냄새의 원천을 찾아 산을 넘고 물을 건너고 사막을

가로질러, 이윽고 이 세상의 경계점에까지 이르렀습니다. 하지만 그의 그런 노력은 아무런 성과도 거두지 못했습니다. 어디를 가든 그 냄새는 끊임없이 그의 코끝을 괴롭히고 있었습니다. 그래도 사향노루는 결코 포기하지 않았습니다. 하루는 어느 산간 지방에서 가장 높은 절벽위로 올라갔습니다. 정상에 도달하여 그 주변을 샅샅이 살펴보는 동안에도 여전히 역겨운 냄새가 그의 코를 자극하고 있었습니다. 결국 절망에 빠진 사향노루는 그만 절벽 꼭대기에서 뛰어 내리고 말았습니다. 벼랑 끝에 떨어진 사향노루는 사지가 비참하게 부러졌고 그 순간, 그의 몸에서는 피가 흘러내렸으며 그 피 속에서 그가 지금까지 그렇게도 찾아 헤맸던 짙은 사향 냄새가 피어오르기 시작했습니다. 그러나 불행하게도 그 냄새의 원천은 발견했지만 이미 그의 몸은 완전히 망가져 버린 후였습니다.

우리 인간도 사향노루와 크게 다를 바가 없는 것 같습

니다. 조직에서 변화(혁신)를 시도하면 대부분은 "나는 아무런 문제없어, 우리 사장님, 본부장님, 팀장님만 변화면 돼"라고 합니다. 그러나 그런 마인드로는 절대 조직에 변화(혁신)가 일어나지 않습니다. 남이 어떻게 하든 상관 말고 '나부터' 먼저 변하면 되는 것입니다. 모종교단체에서 펼치고 있는 "내 탓이요" 운동이 바로 그런 의미가 아닐까요? 나의 최대 적은 바로 내 안에 있습니다. 상대에게 내가 원하는 사람이 되길 강요하지 말고 상대가 원하는 내가 될 때 존경받는 사람이 됩니다.

# 변화는 쉬운 것부터

변화는 '쉬운 것부터, 작은 것부터' 해야 합니다. 보통 사람들은 변화를 얘기하면 뭔가 거창한 것을 해야 한다고 생각합니다. 그러나 그렇지 않습니다. 처음부터 어렵고 까다로운 것부터 하려고 하면 생각대로 잘 되지 않습니다. 따라서 실패를 하게 되고 그런 실패가 여러 번 반복되면 결국 의욕을 상실하게 되어 포기하기 십상입니다. 그러므로 변화는 '쉬운 것부터', '작은 것부터' 시작해야 성공확률이 높아집니다.

경험이 많은 경영컨설턴트들은 기업의 컨설팅을 진행할 때 문제해결 과제를 먼저 쉬운 것과 까다로운 것으로 분류하고 쉽게 해결할 수 있는 과제부터 먼저 진행합니다. 그러면 성공확률이 훨씬 높아져 컨설팅에 참여하는 TFT(Task Force Team)요원들에게 자신감과 열정을 높여 줍니다. 이어서 점차적으로 까다로운 과제로 옮겨가면 성공적으로 컨설팅을 할 수 있다는 것입니다. 미국의 철학자 에머슨Emerson은 "가장 쉬운 것이 가장 위대한 것"이라고 했습니다. 쉬운 것을 못하는 사람은 어려운 것도 결코 할 수 없습니다. 그렇다면 우리의 삶의 현장에서 쉽게 변화시킬 수 있는 것은 어떤 것들이 있을까요? 먼저 기본 질서 지키기입니다. 교통법규준수, 회사 근로규정준수, 30분 일찍 출근하기, 퇴근시 책상 또는 작업장 정리정돈 등이 아닐까요? 물론 현장에서는 '3정 5S'의 생활화도 될 것입니다. 3定은 무엇입니까? 정품定品, 정량定量, 정위치正位置입니다. 그리고 5S는 정리, 정돈, 청소, 청결, 그리고 습관화입니다. 콜롬버스가 신대

륙을 발견하게 된 힘의 원천도 달걀 세우기부터 시작되었음을 잊지 말아야 할 것입니다. 쉬운 것부터 우선 실천하면 변화가 일어납니다.

## 24

# 변화는 지금 이 순간부터

변화는 '지금 이 순간부터' 해야 합니다.

21세기 변화의 시대에 꼭 필요한 인재는 말보다는 행동이 앞서는 사람을 말합니다. 즉, 실천하는 사람입니다. 성서에 보면 "오늘 일을 내일로 미루지 말라"는 말씀이 있습니다. 오늘 못하면 내일도 못합니다. 성공한 CEO들의 공통적인 특성은 의사결정에 결코 망설임이 없다는 것입니다. 그 결정이 비록 잘못된 결정이라도 과감히 결정하여 실천하는 성향이 있습니다. 1분,

1초 때문에 자칫 모처럼 찾아온 절호의 기회를 놓칠 수 있기 때문입니다. 좋은 생각이 떠오르면 머뭇거리지 말고 곧바로 실천에 옮기는 습관만이 성공으로 이끌 수 있습니다.

인류 역사상, 대발명과 발견은 종종 '영감'이라는 것이 창조자의 뇌리를 스쳐 이루어졌습니다. 발명이나 발견은 미리 결말이나 상상을 하는 것으로 시작하여, 이론 혹은 실질적인 방법을 보완하게 됩니다. 이를 '즉시 행동으로 옮기는 것'은 매우 중요한데 만약 그렇게 하지 않으면 그 사람의 영감은 환상으로 남을 것입니다. 발명왕 에디슨도 하루 18시간 이상을 작업실에서 시간가는 줄 모르고 끊임없이 아이디어를 떠 올렸고, 떠오른 아이디어들을 곧바로 행동으로 옮겼습니다. 그는 수많은 실패를 거듭했지만 결코 포기하지 않고 도전 또 도전했습니다. 그런 불굴의 정신이 20세기의 가장 위대한 발명품인 전기를 만들 수 있었습니다.

GE社의 전 회장 잭웰치Jack Welch는 미국 제 44대 대통령으로 당선된 버락 오바마의 성공비결을 "4E1P"라고 했습니다. 4E, 즉 Energy(에너지), Energize(조직에 활력을 불어 넣는 능력), Edge(결단력), 그리고 Execution(실행력)입니다. 나머지 1P는 Passion(열정)이라고 했습니다. 실행력Execution은 이제 성공하는 리더의 필수 조건입니다.

일본에서 납세 순위 10위 안에 들어 일본인들을 깜짝 놀라게 한 젊은 사업가에게 기자들이 그 성공 비결을 물었습니다. 그 20대 젊은 사업가는 기자들에게 되물었습니다. "만약 어떤 사람이 좋은 아이디어가 떠올랐을 때 A라는 사람은 내일 실천했고, B라는 사람은 1주일 후에 실천했습니다. A, B 두 사람 중에 누가 더 성공했겠습니까?" 대부분의 기자들이 A라고 대답했습니다. 그때 그 젊은 사업가는 "A도 B도 아닙니다. 나는 좋은 아이디어가 떠오르면 그 즉시 행동으로 옮겼습니다. 즉 실천이 바로 나의 성공 비결입니다."라고 대답했습니다.

디지털 시대는 'Time is Money'의 시대가 아니라 'Speed is money'의 시대라고 존챔버John Chamber's가 말했습니다. 그렇습니다. '구슬이 서말이라도 꿰어야 보배' 라는 말도 있듯이 백가지 좋은 생각이 있어도 이를 실행하지 않으면 아무런 소용이 없는 것입니다.

# 25

# 변화는 끊임없이 지속적으로

변화는 '끊임없이, 지속적으로' 해야 합니다. 한두 번 해서 성취되는 일은 결코 위대한 것이 될 수 없습니다. 혁신은 일회성이 아닙니다. 지금까지 수년 또는 수십 년을 내려오면서 고착되어 버린 비효율적이고 비합리적인 것들을 개선 또는 혁신하는 작업은 결코 쉬운 일이 아닙니다. 한두 번 해서 완전히 해결될 수 없습니다. 반복 또 반복하여 조직 문화화될 때까지 끊임없이 지속적으로 실시해야 합니다. 따라서 성공적인 혁신을 위해서 먼저 CEO의 강력한 의지와 리더십이 무엇보다 중요합니다. 조직에서 변화의 성공 여부는 CEO가 그 열쇠의 70~80%를 쥐고 있다고 해도 과언이 아닙니다. 강력한 실천의지를 가지고 모든 역량을 집중하고 최대한의 지원을 아끼지 말아야 합니다. 또한 혁신을 왜 하는지에 대한 홍보를 전 사원들에게 알리고 필요하면 교육도 해야 합니다. 그리하여 모두가 혁신 활동에 동참할 수 있도록 해야 합니다. 일반적인 탑다운 Top Down방식으로는 곤란합니다. 비록 시간이 걸릴지라도 인내심을 가지고 설득하고 이끌어 내야 합니다. 노벨상 수상자이며 대학 개혁자인 로버트 러플 전 카이스트KAIST 총장은 노무현 정부가 카이스트를 세계 최고의 대학으로 만들기 위해 스카웃 했습니다. 그는 카이스트에 부임하자 마자 수많은 개혁안들을 쏟아내었지만 결코 이를 완성하지 못하고 2년 임기도 채우지 못한 채 미국으로 되돌아갔습니다. 개혁에 실패한 것입니다. 그 이유가 많았지만 가장 큰 이유는 바로 조직 구성원들(특히, 보수주의 성향을 가진 그룹)을 설득시켜 개혁의 장으로 이끌어내지 못했기 때문입니다. 혁신의 성공을 위한 또 다른 열쇠는 '학습조직의 구축' 입니다. 혁신은 학습의 연속과정이라 할 수 있습니다. 마인드Mind 교육에서부터 스킬Skill교육까지 체계적이고 지속적인 교육이 뒷받침되어야 합니다. 교육은 결코 비용이 아닙니다. 투자입니다. 콩나물 시루에 물을 부으면 물은 구멍 난 밑바닥으로 모두 흘러 내리지만 콩나물은 소리 없이 자랍니다.

# 26

# 변화의 속성

살아있는 개구리 두 마리를 가지고 실험을 해 봅니다. 그 중 한 마리는 아주 서서히 가열되고 있는 냄비 속에 넣고, 나머지 한 마리는 이미 끓고 있는 냄비 속에 집어넣습니다. 그 결과는 어떻게 되겠습니까?

전자의 개구리는 온도의 변화가 느리기 때문에 냄비 속에 움츠리고 있다가 끝내는 천천히 삶겨 죽고 말 것입니다. 후자의 개구리는 냄비 속에 집어넣지만 뜨거운 물의 온도를 감지하여 즉시 뛰쳐나와 죽음을 모면하게 됩니다.

전자의 개구리는 어느 때라도 냄비에서 뛰쳐나올 수 있음에도 불구하고 죽음에 이르게 된 것은 환경변화에 너무 둔감하게 반응하여 개구리 체내에서 반응의 방아쇠가 당겨지지 않았기 때문입니다.

### 혁신의 8가지 실패원인

1. 구성원들에게 충분한 위기 의식을 불어넣기도 전에 혁신에 착수 했을 때
2. 혁신을 이끄는 강력한 팀 없이 리더와 소수만으로 출발할 때
3. 혁신의 비전이 명확하지 않을 때
4. 리더의 비전을 조직 구성원에게 고루 전파시키지 못할 때
5. 무사안일한 관리자 계층을 그대로 방치해 두었을 때
6. 혁신 초기에 해당하는 최초 6-8개월 사이에 가시적인 성과를 보여주지 못할 때
7. 초기 작은 성공에 취하여 자축의 샴페인을 일찍 터뜨릴 때
8. 혁신이 조직 전체의 뼛속에 스며들도록 강력한 드라이브를 걸지 못할 때

늑대도 개구리와 비슷한 속성을 가지고 있습니다. 에스키모인들이 늑대를 사냥할 때 총을 들고 매복하거나

개를 이용해서 뛰어다니며 사냥하지 않습니다. 날카로운 칼날에 늑대가 좋아하는 동물의 피를 묻혀 놓고 늑대가 잘 다니는 곳에 칼을 꽂아 둡니다. 피 냄새를 맡은 늑대가 나타나고, 늑대는 칼에 묻어있는 피를 핥기 시작합니다. 지독한 추위와 정신없는 허기는 혀의 감각을 잃게하고 일순간 혀에 상처가 생기면서 자신의 피가 흐르게됩니다. 늑대는 칼에 묻은 피가 자신의 피 인줄도 모르고 계속 핥게 됩니다. 결국 늑대는 서서히 죽어간다고합니다.

놀라운 사실은 생존의 목적으로 하는 경쟁 조직에서도 개구리와 늑대처럼 환경의 변화를 깨닫지 못하고 결국에는 파국적 종말을 맞게 되는 조직 또는 직장인도 있다는 사실입니다.

## 변화에 관한 말, 말, 말

"와이프Wife와 자식 외에는 모두 바꿔야 합니다."
－삼성 이건희회장－

"기존에 갖고 있던 모든 생각과 행동을 다 바꿔라."

"장관부터 전자결재를 하고 재경부는 전자재경부로 탈바꿈해야 할 것입니다."

－이헌재 재경부장관－

"Think Innovation 정신으로 새롭게 시작합시다."
－현대산업개발 정몽규회장－

"경영 패러다임을 등한시하면 어느 기업이든 앞으로 5년 이후에는 생존을 기약할 수 없을 정도로 세상은 너무도 빠르게 변하고 있음을 직시해야 합니다."
－LG경제연구원 이윤호원장－

"기업을 둘러싼 경영 환경이 끊임없이 변화하고 있습니다. 특히 전자 및 통신기술의 급속한 발달은 변화의 크기와 속도를 증폭 시키고 있습니다. 변화하는 환경에 어떻게 적응하고, 앞서가는 지가 기업흥망을 좌우하게 됩니다.
－현대경제연구원 김웅중원장－

"변화를 위한 기업의 노력(경영혁신활동)은 그 기본 목표가 한 가지입니다. 즉, 보다 도전적인 새로운 시장 환경에 기업이 잘 적응해 갈 수 있도록 사업방식을 바꾸는 것입니다."

-존 코터John P, Kotter-


"이노베이션이란 경영체제, 그 내부로부터 끊임없이 혁명하여 낡은 구조를 끊임없이 파괴하고, 새로운 구조를 끊임없이 만들어 내는 창조적 파괴Creative Destruction의 과정이다."

-슘페터Schum Peter-


"미래 대기업 조직의 전형적인 모습은 관리 층의 두께가 현재의 절반 정도이며 관리자의 수는 3분의 1에 불과 할 것으로 보인다."

-피터 드러커Peter F, Drunker-

# 왜 생각대로 실행이 잘 되지 않는가

심리학자들은 사람들이 행동하는 것을 주저하는 이유를 기분이 내키지 않아 한다는데 있다는 것입니다. 뭔가 그럴만한 감정이 생겨나야지만 행동으로 옮겨갈 수 있다는 것입니다. 다시 말해서 감정이 조절하는 대로 행동이 나타난다는 논리로 "나도 모르게 무의식적으로 그런 행동이 나왔어"라고 말할 때가 많습니다. 자신의 감정에 따라 행동하려면 상황이 거의 종착역에 다다른 후, 절실한 상태가 되어야만 행동을 시작합니다. 마치 한 달 전에 받은 방학숙제를 미루어 두었다가 겨우 2~3일 남겨 놓고 발등에 불이 떨어져야 시작하는 것과 같은 이치입니다. 그런 감정 상태로는 숱한 기회를 놓치기 쉽습니다. 버락 오바마와 같이 인생을 성공으로 이끈 많은 사람들은 전혀 의외의 환경에서 우뚝 일어섰다는 것을 간과해서는 안됩니다. 감정으로는 행동을 일으킬 수 없습니다. 이성, 즉 머리의 원뇌(뇌간)를 활성화 시켜야만 실행력도 높일 수 있습니다.

실행력을 높이기 위한 생활 습관으로는 품질관리의 아버지 데이밍Deming 박사가 제창한 P-D-S 싸이클을 적극 활용하라고 권고해 드리고 싶습니다. 우선 설정된 중요 목표를 실행에 옮기기 위한 실행계획(P: Plan)을 잘 짜는 것이 매우 중요합니다. 더더욱 일의 중요성이나 긴급성이 클 것으로 예상되는 분야부터 계획을 수립, 실행하고 이후에 타 분야로 확대해 가는 것이 좋습니다. 다음은 아무리 계획을 잘 세웠다 하더라도 실행(D: Do)이 뒤따르지 않으면 별 소용이 없습니다. 그러나 실행을 하다보면 계획대로 활동이 잘 이루어지지 않을 때도 있는데 이럴 때 절대 포기해서는 안 됩니다. 실행이 잘 이루어지지 않는 원인을 재점검하고 수정 계획을 다시 세워 앞으로 계속 전진하는 것이 중요합니다. 끝으로 평가(S: See)단계입니다. 평가가 없는 계획 및 실행이란 불완전 할 수밖에 없습니다. 왜냐하면 평가 과정이 없다면 한주 한주가 지나더라도 똑같은 문제 때문에 골머리를 썩거나 똑같은 실수를 반복하게 되어 실행을 통해서 배움을 얻고 성공하고자 하는 기대는 발견될 수 없기 때문입니다.

옛 말에 인생에서 가장 먼 길은 머리에서부터 가슴까지의 거리라 했습니다. 생각은 있으나 행동으로 잘 옮겨지지 않는다는 의미겠지요. 나는 그보다 더 먼 인생길이 있다고 생각합니다. 그것은 가슴에서부터 손 끝까지, 발 끝까지의 거리입니다. 실천은 필사의 각오로 해야 가능합니다.

# 29

# 치타의 생존방식

네발 달린 짐승 중에 제일 빠른 놈이 치타라고 합니다. 시속 110Km까지 달릴 수 있다고 하는데 그에 비해 치타의 주 먹이가 되는 임펠라 즉, 영양의 속도는 70Km정도라고 합니다. 단순계산으로 치타가 임펠라를 잡아먹는 것은 식은 죽 먹기입니다. 그러나 실제로는 열 번에 한두 번 꼴로 사냥에 성공한다고 합니다. 왜냐하면 치타는 단거리 선수임에 비해 임펠라는 장거리 선수이기 때문입니다. 임펠라는 자신의 감지

체계를 작동시켜 늘 안전거리를 확보해 둡니다. 그 안전
거리는 생명거리로 치타가 다가오면 조금씩 뒤로 물러
서면서 항상 일정한 간격을 유지하려고 노력합니다. 치
타는 그런 상황을 극복하는 대응 방법을 찾아야 합니다.
그중 하나가 풀숲으로 매복하여 최고 근접 거리까지 다
가간 후 기습 공격을 하는 것입니다.

그러나 상황이 변하여 아프리카 초원에 건기가 지속
되면 숨을 숲이 없어집니다. 이때는 또 새로운 대응책이
필요해 집니다.

이럴 경우는 온몸을 드러낸 채 먹이에게 다가갑니다.
그러나 그냥 가는 것이 아니라 임펠라 무리의 하나하나
를 유심히 관찰한 후, 다리를 저는 놈이라든가 어미를
잃은 새끼 즉, 힘이 약한 것을 포획의 대상으로 삼습니
다. 그리고는 그 목표만을 향해 내닫습니다. 이처럼 아
프리카 세렝게티 대초원에서 벌어지는 생존의 드라마와
세계시장에서 치열하게 경쟁하는 기업의 모습이 무엇이
다르겠습니까?

# 30

# 가자미의 생존방식

헤엄이 서툴러서 늘 바다 밑바닥에서 엎드려 살던 가자미는 사나운 적이 나타나면 꼼짝 없이 잡히곤 했습니다. 그래서 가자미는 살아남기 위하여 고민하기 시작했습니다. 어떻게 하면 눈에 띄지 않을 수 있을까?

"동쪽으로 두 눈을 모아 위를 감시하고 피부를 주위와 똑 같은 색으로 바꾸면 아무도 나를 잡아먹지 못할 거야" 어미 가자미는 흘겨보다 눈이 한쪽으로 붙었다고 남들이 놀려대도 자신을 지키기 위해 타고난 신체구조를 바꿔가는 눈물겨운 의지가 있었습니다.

이 작은 이야기를 통하여 환경만 탓하고 자포자기 하면서 스스로 적응하려는 노력은 조금도 하지 않는 자신의 모습을 보지는 않습니까?

# 솔개의 환골탈태

우화입니다만, 솔개는 가장 장수하는 조류로 알려져 있습니다. 솔개는 최고 70세의 수명을 누릴 수 있다고 합니다. 이렇게 장수하려면 약 40세가 되었을 때 매우 고통스럽고 중요한 결정을 해야만 한다고 합니다. 솔개는 40세가 되면 발톱이 노화되어 사냥감을 그다지 효과적으로 잡아챌 수 없게 됩니다. 부리도 길게 자라나서 구부러져 가슴에 닿을 정도가 되며, 깃털이 짙고 두껍게 자라 날개가 매우 무겁게 되어

하늘로 날아오르기가 나날이 힘들게 됩니다. 이즈음이 되면 솔개에게는 두 가지 선택이 있을 뿐입니다. 그대로 죽을 날을 기다리든가 아니면 약 반 년에 걸친 매우 고통스런 갱생과정을 수행하는 것입니다. 갱생의 길을 선택한 솔개는 먼저 산 정상 부근으로 높이 날아올라 그곳에 둥지를 짓고 머물며 고통스런 수행을 시작합니다. 먼저 부리로 바위를 쪼아 옛 부리는 뿌러뜨리고 새 부리가 돋아나게 하는 것입니다. 그런 후 새로 돋은 부리로 발톱을 하나하나 뽑아냅니다. 그런 후 새로 난 발톱으로 깃털을 완전히 뽑아냅니다.

그리하여 약 반년이 지나 새 깃털이 돋아난 솔개는 완전히 새로운 모습으로 변신하게 됩니다. 그리고 다시 힘차게 하늘로 날아올라 30년의 수명을 더 누리게 된다고 합니다.


혁신革新은 글자 그대로 가죽을 벗기는 고통을 감내할 용기와 인내력이 요구됩니다. 병아리가 자기 스스로 계

란 껍질을 깨고 나오면 '혁신' 이 되고, 남이 깨주면 '후
라이' 가 되는 것입니다.

나는 대학 4학년에 재학 중이던 1985년 12월 16일에
어려운 경쟁을 뚫고 자동차 전문그룹인 K그룹에 공채
입사하여 K중공업 기술연구소로 발령을 받아 약 11년
간 근무를 하였습니다. 나름대로 열심히 했고 또 좋은
상사, 동료들을 만나 입사동기들 보다 승진도 빨랐습니
다. 그러나 그룹 자체가 M&A에 휘말렸고, 무엇보다도
내 꿈을 다시 찾기 위해 1996년 7월에 회사를 과감히
그만두고 지금의 회사, 창조경영연구원을 창업하고 새
로운 길을 선택했습니다. 아내를 비롯하여 많은 지인들
의 반대를 무릅쓰고 시도했던 결단이었습니다.

그러나 1997년 12월에 IMF 외환위기를 맞게 되어 내
가 다녔던 회사도 현대그룹으로 넘어갔고 또한 내 사업
도 생각처럼 여의치 않았습니다. 그때 나는 "위기는 곧

기회다"라는 신념을 다시 한 번 되새기며 새로운 시도를 했습니다. 고객층의 다각화, 즉 기업 시장 외에도 공무원, 지자체, 공공 기관, 대학, 백화점 문화센터 등으로 사업 영역을 확대할 수 있었습니다. 또한 시간적 여유가 있어 그 동안 미뤄두었던 공부도 다시 하기 시작하였고 마침내 약 6년 만에 경영학 석·박사 학위를 취득하게 되었습니다. 힘들었지만 그런 갱생의 과정을 밟았기에 앞으로 적어도 20년은 더 일할 수 있는 길이 열렸습니다. 환골탈태는 새로운 가치, 새로운 희망을 가져다 줍니다.

# 32

# 지혜로운 농부

　　일손이 모자란 어떤 지주가 일꾼을 찾았습니다.

채용면접 때에 한 노동자가 일을 해 보겠다고 하면서 자기 약점을 미리 말했습니다. 내용인 즉, 자기는 얼마나 잠을 깊이 자는지 태풍이 부는 밤에도 자기를 깨워 일으킬 사람이 없다는 것이었습니다.

몇 날이 지난 후에 그 농부는 새로 들어온 일꾼이 왜 그런 깊은 잠에 빠지는 가를 알 수 있었습니다. 어느 날

한밤중에 심한 바람이 그 농장에 불어왔습니다. 주인은 일꾼을 깨웠습니다. 그러나 그는 일어나지 않았습니다. 주인은 혼자 외양간에 가서 소가 제대로 있는지 보았습니다. 소들은 다 외양간에 누워 있었고 문은 잠겨 있었습니다. 밖에 있는 짚단들은 큰 나무에 단단히 묶여 있었습니다. 모든 것을 밤이 되기 전에 완전히 정리하고 들어간 일꾼은 밤에 깰 필요가 없었기 때문에 깊은 잠을 잘 수 있었던 것입니다.

낮에 할 일을 다 하면 밤엔 단잠을 잡니다. 오늘 일을 내일로 미루지 맙시다.

# 33

# 중동의 뉴욕, 두바이

두바이는 중동지역 아랍에미레이트UAE
에 있으며 2003년도 바다를 메워 완공한 인
공 도시입니다. 면적 3,885 ㎢(서울의 약 6.5배), 인구
는 120만명이며 GDP중 비석유부분의 비중이 93%달할
정도로 석유에 대한 의존도가 낮은 비즈니스 및 관광중
심의 허브 도시 입니다.

세계 최초로 7성급 호텔인 '부르즈알아랍'으로 잘 알
려져 있기도 했습니다. 이 호텔을 완공하는데 금이 무려

800톤이 들어간 초호화판 호텔입니다. -참고로 이 호텔의 하루 숙박비용은 1,500만원 정도입니다- 2008년도 글로벌 금융위기 이전에는 몇 달 전에 예약하지 않으면 방이 없을 정도로 세계의 부호들이 몰려들었던 도시입니다. 두바이의 성공 신화 뒷면에는 '모하메드 Sheikh Mohammed'라는 위대한 지도자가 있었습니다. 그는 어릴 때부터 남다른 꿈을 가지고 있었습니다. 종교나 이념보다는 경제가 국민 생활에 더 중요하다는 실사구시적 사고를 가지고 있었습니다. 또한 그는 비전뿐만 아니라 강력한 실천력도 겸비한 행동하는 지도자였습니다. 그는 90년대 후반부터 바다를 메워 초대형 부동산 개발 사업에 착수하였습니다. 석유로 돈을 벌었던 기존의 고정관념에서 벗어나 바다위에 거대한 인공섬, 즉 '팜 아일랜드' 3개와 '더 월드'를 건설하였습니다. 특히 '팜 아일랜드'는 달에서도 식별이 가능한 야자수 모양의 거대한 인공도시로서, 7백만㎡의 모래를 UAE전역에서 가져와 매립하였습니다. '더 월드'는 바다위에 세계지도 모양의 인공섬이며 한국섬Korea Island의 면적은 9천평, 분양가는 약 250억 정도라고 합니다. 뿐만 아니라 그는 운영시스템도 획기적으로 바꾸었습니다. 이슬람교의 금기 사항들을 모두 파괴했습니다. 두바이는 술도 팔고, 돼지고기도 팔고 더 나아가 나이트클럽도 있습니다. 증권거래소에서는 아람어 대신 영어를, 거래통화는 미 달러화를 사용하도록 했고, 중동의 휴일인 목, 금요일에도 개장을 하게 하였습니다. 또한 4無 2多정책, 즉, 無세금, 無제한 외환거래, 無스폰서, 無노동쟁의와 多양한 물류여건, 多양하고 편리한 지원시스템을 구축하였습니다. 한사람의 개혁의지와 실천이 기적을 만들어 낸 것입니다.

# 34

# 보수조직의 개혁

나는 대학을 다녔던 관계로 또래보다는 좀 늦게-1981년도 5월- 육군으로 군 입대를 하였습니다. 어려운 졸병시절을 보내고 1983년도 초 즈음에 병장을 달았습니다. 고참이 되고 나니 졸병 때와는 다르게 정말 편안한 군 생활을 할 수 있었습니다. 졸병들이 모든 것을 다 해주었기 때문입니다. 그러나 지금 군대는 고참이 '내무반의 황제'로 군림하던 시절은 옛날 얘기가 되었습니다. 지난번 'GP총기난사사건' 이후

병영생활도 완전히 민주화 되었다고 합니다. 고참이 직접 모포를 개고, 욕설도 삼가고 나아가 화장실 청소까지도 스스로 한다고 합니다.

권력의 대명사로 불리던 검찰 조직도 이젠 예외는 아닙니다. 언제인가 검사들이 직접 감옥체험을 해본다는 신문기사를 보았습니다. 감옥생활을 직접 체험해보니 느끼는 바가 많아 이제 구속영장 발부를 감옥체험 전 보다는 더욱 신중하게 한다고 합니다. 아무리 검찰이라도 변하지 않으면 국민들에게 사랑을 받지 못하는 시대입니다.

나는 주로 기업교육을 많이 하는 관계로 도시 외곽에 있는 호텔, 수련원을 자주 가게 됩니다. 지난 봄인 것으로 기억됩니다만 경남 창녕군 부곡면에 소재해 있는 H호텔에 강의가 있어 갔는데 식당에서 점심을 먹고 나오는 고등학생들의 교복이 눈에 확 띄었습니다. 기존의 흰색 블라우스에 검정색 치마가 아니라 개량 한복과 비슷한 디자인의 옷이었습니다. 나는 호기심이 발동하여 그

중 한 여학생에게 그 옷이 무슨 옷이냐고 물었는데 놀랍게도 교복이라는 것입니다. 부산에 소재해 있는 가야고등학교 학생들이었습니다. 가야의 특색을 살린 독특한 교복을 만들었던 것입니다. 나는 깊은 감동을 받았습니다. 요즘 홍보를 하기 위해 광고료가 얼마나 많이 듭니까? 하지만 가야고등학교는 돈 한 푼 안들이고 엄청난 광고효과를 얻을 수 있다는 생각이 들었습니다. 이것이 변화의 힘이며 가치입니다.

# 35

# 나비효과와 제3의 법칙

조직에서 변화를 시도Kick Off 하면, 대부분 조직 구성원들은 2가지 형태로 반응합니다. 첫째는 우리 회사는 사장님(또는 간부들)만 변하면 되는데 왜 난리들이야? 둘째는 나 혼자 변한다고 해서 회사전체가 변화겠어? 라고 지레짐작하고는 해보지도 않고 미리 포기하기 일쑤입니다. 하지만 이것은 둘다 잘못된 생각입니다. 첫 번째 생각은 앞에서도 말했듯이 남들이 어떻게 하든 '나부터' 변하면 되는 것이고,

두 번째 생각은 나 혼자라도 변화를 시도하면 '나비효과' 또는 '제3의 법칙'이 나타나 조직 전체를 바꿀 수 있다는 것입니다.

나비효과란 미국의 기상학자 에드워드 로렌츠E. Lorenz가 1961년 기상관측을 하다가 생각해낸 원리로 북경에서 나비 한 마리의 날개 짓으로 생긴 미미한 바람이 태평양을 지나면서 점점 커져서 미국에 도착하면 허리케인이 된다는 주장입니다. 곧, 작은 변화가 결과적으로 엄청난 변화를 초래할 수 있다는 원리입니다. '제3의 법칙'도 마찬가지입니다. 스텐포드대학 심리학자 짐 바르도P. Zimbardo 교수는 "3명이 모이면 그때부터 집단이라는 개념이 생깁니다"라고 했고, 서울대 최인철 심리학 교수도 "나, 그리고 나와 뜻을 같이 하는 한 사람 두 사람이 모이면 전체를 바꿀 수 있는 놀라운 상황이 된다"라고 주장하였습니다. 그렇습니다. 조직에서 나와 뜻을 같이 하는 사람 2~3사람만 모이면 거대한 조직을 변화시킬 수 있는 위대한 힘이 생깁니다. 자신감을 가지고 지금 당장 나부터 변화를 시도 해보십시오!

_ 제3장

# 행복한 일터
# 만들기

# 36

# 한국인은 왜 노동생산성이 낮은가

　　　　　OECD에서 회원국들의 노동생산성을 비교한 데이터를 표와 같이 제시한 바 있는데 어떻게 된 영문인지 우리나라가 OECD평균보다도 훨씬 못 미치는 아주 저조한 수준으로 나타났습니다. 우리나라는 1987년 소위 6월 항쟁 직후인 민주정의당 대통령 후보였던 노태우 씨가 직선제 개헌 요구를 받아들여 발표한 6·29선언 이후 매년 거의 10%이상씩 임금은 상승하였으나 노동생산성은 오히려 뒷걸음질치는 모습을 보이고 있습니다.

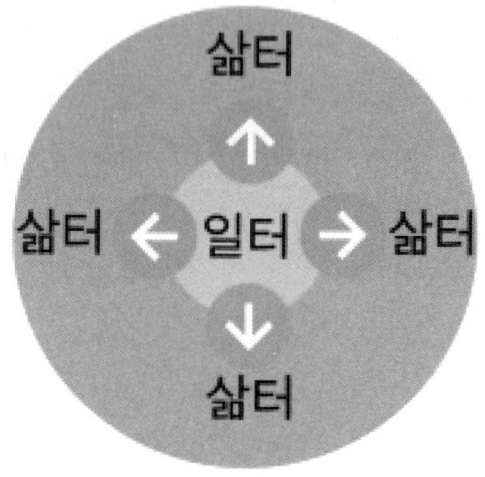

왜 입니까? 저의 매우 주관적인 견해입니다만, 3가지 한국병 즉, 이기주의利己主義, 물질만능주의物質萬能主義, 그리고 적당주의適當主義에서 비롯되었다고 생각합니다.

먼저 '이기주의'입니다. 88올림픽 이전까지만 하더라도 우리 민족은 가난에서 벗어나기 위하여 정말 열심히 죽도록 일했습니다. 그때까지만 해도 개인주의는 몰라도 적어도 이기주의는 거의 없었습니다. 오히려 공동

체 의식이 더 높았던 시절이었습니다. 전체를 위해서는 자기 개인이 손해를 보더라도 과감하게 양보하고 희생할 줄 아는 민족이었습니다. 그러나 88올림픽 이후 GDP가 올라가고 동기의식이 떨어지면서 슬금슬금 개인주의 현상이 뚜렷해졌고 어느새 이기주의자들이 조직 내에 나타나기 시작했습니다. "나만 잘 되면 남이 어떻게 되든 나와 상관없다"는 식의 사고는 우리 민족이 자랑하던 '情'의 문화를 빼앗아 갔습니다.

두 번째가 '물질만능주의'입니다. 뭐니뭐니 해도 머니Money라는 신조어가 생겨나기까지 했습니다. 돈이 삶의 최고의 가치로 대두되면서 돈만 벌수 있다면 체면, 가치관, 양심마저도 헌신짝처럼 버리는 사람이 생겨났습니다. 돈은 행복의 필요 요건이지 결코 충분요건이 아님을 잊은채 말입니다.

세 번째는 '적당주의'입니다. 나는 시골 출신이라 어릴 때 종종 친구들이랑 놀다가 두 갈래 길이 나오면 손바닥에 침을 뱉고 쳐서 침이 튀는 방향으로 가곤 했던 기억이 납니다. 또한 웰빙 붐이 불면서 등산 마니아들이 많이 생겨났습니다. 저도 등산을 좋아하기에 가끔씩 산에 오릅니다. 8부 능선쯤 가면 다리도 아프고 호흡도 가빠집니다. 그때 위에서 내려오는 사람들에게 정상이 얼마나 남았는지 물어보면 대부분 사람들은 "조금만 더 가면 된다고, 거의 다 왔다고" 대답합니다. 그러나 조금 더 가도 또 조금 더 가도 정상은 나타나지 않습니다. '조금'이라는 의미가 정말 애매모호 합니다.

뿐만 아니라 옛날 우리 어머니들이 된장찌개를 끓일 때에도 마찬가지입니다. 된장도 적당히, 고춧가루도 적당히, 소금도 적당히 넣습니다. 매뉴얼대로 정확하게 요리를 하지 않습니다. 적당주의는 우리 전통 생활 방식 중에 좋지 못한 문화로 자리를 잡은 것입니다. 그런 문화가 우리의 잠재의식 속에 있다가 자기 자신도 모르게 슬금슬금 나타나는 것입니다. 외국인들은 "한국 사람들은 일을 할 때 끝마무리가 잘 되지 않는다"라고 지적합니다. 적당주의의 병폐에서 비롯된 것입니다. 3가지 한국병, 신속히 그리고 과감히 버려야할 때입니다. 이기주의, 물질만능주의, 적당주의는 마음의 병입니다.

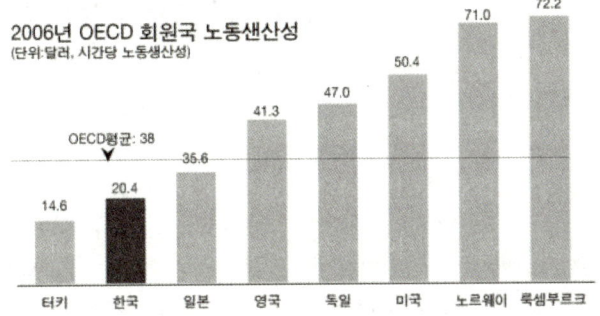

**2006년 OECD 회원국 노동생산성**
(단위:달러, 시간당 노동생산성)

OECD평균: 38

| 터키 | 한국 | 일본 | 영국 | 독일 | 미국 | 노르웨이 | 룩셈부르크 |
|------|------|------|------|------|------|----------|------------|
| 14.6 | 20.4 | 35.6 | 41.3 | 47.0 | 50.4 | 71.0 | 72.2 |

# 37

# 행복한 일터 만들기

최근 국내외 선진 기업들의 경영 트렌드 중 하나가 '즐겁게 일하는 직장 만들기' 입니다. 기업의 구성원들이 즐겁고 신명나게 일할 때 장기적으로 좋은 성과를 거둘 수 있다는 조사 연구가 다수 입증되면서 이런바 '펀펀 경영' 으로 통칭되는 기업문화가 확산되어 가고 있습니다. 권위를 내던지고 웃음과 재미를 회사 조직에 퍼트리는 것은 경직되고 딱딱한 근무 분위기를 재미있고 즐거운 직장 분위기로 바꾸기 위한 경영이 '펀 경영' 입니다. 즉, '일의 성과' 가 중심이 아니라 '사람' 을 중심으로 경영하는 조직형태를 말합니다.

펀 경영은 기업 구조를 바꾸지 않고도 경영자와 종업원 모두 회사의 주인으로 만들어 줌으로써 직원들에게 보다 높은 목표를 설정하도록 동기를 부여하고 또한 단순히 고용된 이방인이 아니라 의사결정에 적극적으로 참여하는 주인이 되는 것이므로 자신의 존재 가치가 더욱 극대화 됩니다. 따라서 직장이 단지 밥벌이의 수단인 '일터' 의 개념이 아니라 '삶터' 즉, 배움과 성장, 보람 그리고 자아실현의 장으로서 인식 전환이 가능해져 신명나고 즐거운 직장생활을 영위할 수 있는 것입니다. 펀 경영이 곧 마음 경영입니다.

# 38

# 펀 경영이란

펀 경영이란 권위를 내던지고 웃음 바이러스를 회사 전반에 퍼트려 '신바람 나는 직장' 분위기를 창조하기 위한 신 경영기법입니다. "웃으면 복이 온다"라는 말이 이제는 "웃어야 복이 온다" 또는 "웃어야 산다"라는 말로 대처되는 시대가 되었습니다. 특히 아직도 유교사상이 엄연히 존재하고 있는 우리나라 조직 문화에 웃음이 경쟁력의 요체로 떠오르고 있습니다. 개그맨을 자처하는 CEO들이 늘고 있어 CEO

의 의미도 Chief Entertainment Officer최고연예담당자, Chief 펀 Officer최고 오락 담당자, Chief Joy Officer최고 기쁨 담당자 등으로 해석되고 있습니다.

'일할 맛 나는 일터'란 곧 '사람을 존중하는 조직'을 말합니다. 미국의 포춘Fortune 지는 지난 1998년부터 매년 근로자 4만 여명을 대상으로 미국에서 '가장 일하기 좋은 직장 100대 기업 GWP: Great Work Place Fortune 100'을 선정해 발표하고 있는데 여기에 선정된 기업의 공통점은 종업원들에게 일하는 즐거움과 재미를 주며 사람을 존중하는 가족 같은 기업이었습니다. 또한 '훌륭한 일터 GWP; Great Work Place 운동'을 펼치고 있으며, 펀 경영의 창시자로 불리우는 로버트 레버링Robert Levering박사는 기업에서 가장 중요한 자산은 바로 종업원, 즉 내부고객이라는 인식을 확산시키며 유머 경영의 중요성을 강조하고 있습니다. 그가 말하는 '훌륭한 일터'란 상사와 경영진을 신뢰Trust 하고, 자신이 하는 일에 자부심Pride을 느끼며, 나아가 다른 사람과 함께 일하는 것을 즐길Fun 수 있는 직장을 말합니다.

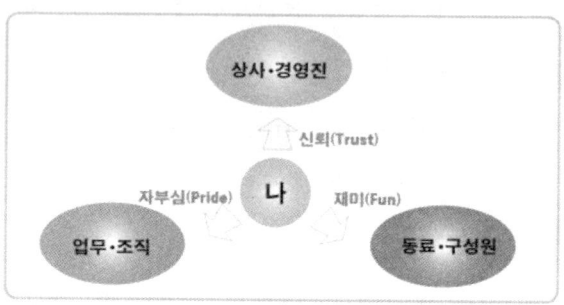

레버링 박사가 발견한 초 일류 기업들의 공통점은 상사와 경영진에 대한 높은 신뢰, 업무와 회사에 대한 강한 자부심, 동료들 간에 재미있게 일하는 모습이었습니다. 그 결과 이 같은 관계의 질Quality of Relationship이 높을수록 기업의 경쟁력이 높아진다는 결론을 내리게 되었습니다. 이후 레버링 박사는 미국 샌프란시스코에 Great Place Work Institute를 설립하여 매년 '포춘 100대 기업' 선정을 지휘하며 GWP개념을 확신시키고 있습니다.

# 39

# 경영핵심 키워드의 진화

우리나라 시장은 1980년대 들어오면서 공급이 수요를 초과하는 형태로 변하였습니다. 공급보다 수요가 많을 때는 기업은 오직 생산만 하면 되었습니다. 없어서 못 팔던 시대였기 때문입니다. 하지만 과잉 공급 시대가 되면서 어떻게 파느냐가 중요해졌습니다. 소비자는 제품구매에 대한 선택의 폭이 넓어 졌기에 자기 마음에 드는 물건을 구매하기 시작하였습니다. 그런 이유로 기업은 제품의 '품질'에 관심을 두기 시작하였습니다. 불량품은 소비자들의 불만을 초래해 재 구매로 이어지지 않아 매출 감소로 나타났기 때문입니다.

1980년대 말에 들어서면서 기업들은 그 동안 품질관리 노력이 결실을 맺어 어느 정도의 품질 수준을 유지하게 되었습니다. 그 때부터 품질은 경쟁력의 요소가 아니라 기본적인 요건이 되었습니다. 따라서 '가격(판매가)'이 경쟁력의 주된 요체로 떠오르게 되었습니다. 즉, 품질은 비슷비슷하니 가격이 조금이라도 싼 제품을 선호하기 시작하였습니다. 가격 경쟁력도 잠시, 1990년 초반부터는 얼마나 다양한 '성능(또는 기능)'을 가지고 있느냐가 경쟁력의 핵심요소가 되었고, 특히 편이장치와 정보기술이 얼마나 다양화 되었는지가 세일즈 포인트가 되었습니다. 그런 까닭에 메카트로닉스Mechatronics라는 신용어도 생겨나게 되었지만 이것도 잠시뿐, 1990년 말부터는 외형의 심미, 즉 '디자인'이 경쟁의 핵심요소로 부각되었습니다. "같은 값이면 다홍치마"라는 옛말도 있듯이 품질, 가격, 성능 모두 갖췄으니 이제부터는 디자인이 중요하다는 인식이 높아졌습니다. 개성의 시대가 된 것입니다. 또한 새 천년 들어오면서 '글로벌 스탠더드Global Standard'의 차원에서 '환경과 윤리'가 경쟁의 핵심 요소로 전환되었습니다. 아무리 품질, 가격, 성능, 디자인이 좋더라도 환경에 나쁜 영향을 미치거나 비도덕적인 기업의 제품은 더 이상 국제 상거래에서 존재할 수가 없게 된 것입니다. 경영 환경의 진화는 여기가 끝이 아니었습니다. 치열한 기업 간의 생존 경쟁으로 대부분의 기업들은 제조원가가 상승하여 이익의 감소가 확연히 나타났습니다. 힘들여 만든 제품이 이윤이 별로 남지 않게 된 것입니다. 따라서 생산성 향상만이 기업의 생존 대안이 되었고 그 해결책의 중심에 '펀 경영'이 대두되었습니다. 억지로, 강제적인 분위기에서는 결단코 노동생산성을 향상시킬 수 없음을 CEO들이 깨닫게 된 것입니다. 즐겁게 일하는 것이 곧 글로벌 경쟁력이 된 것입니다.

# 40

# 펀 경영은 내부고객 만족부터

21세기 경쟁력의 핵심은 내부고객, 즉 '종업원의 만족'에 있습니다. 그들은 '일터'라는 개념에서의 직장생활로 말미암아 갈등과 스트레스의 연속이었습니다. 개인적인 갈등 뿐만 아니라 고객, 거래처, 동료, 상사와 투자자에 이르기까지 수많은 이해 관계자들과의 갈등과 이로 인한 스트레스가 만연하게 되었습니다. 따라서 직장은 먹고 살기 위해 참고 견뎌야 하는 것이므로 재미도 없고 즐거움도 없었습니다. 이런 상황에서 제대로 된 제품이나 서비스가 나오기는 힘들게 되었고, 더군다나 생산성 향상은 엄두도 못내게 되었습니다. 그래서 기업들은 과거의 보상 방법인 임금인상, 승진, 자기계발 기회 등으로는 그 한계를 느끼게 되었고 새로운 보상방법을 모색해야 했습니다. 즉, 情, 즐거움Fun, 인간미가 있는 직장 분위기를 만들어 정서적으로 안정된 직장을 만드는 것이 그 무엇보다 중요해졌습니다.

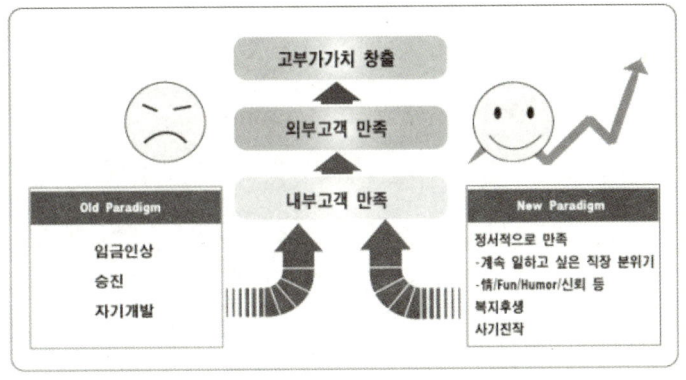

최근 국내에서도 재미있고 신나게 일할 수 있는 분위기를 만들기 위한 다양한 시도가 행해지고 있습니다. 교

육, 마케팅, 제품 등 모든 부분에서 행해지는 이러한 신
바람은 부서별로 영화를 보는 무비데이, 체신청과 국방
부에서 진행되는 수요일 정시퇴근인 땡데이, 토요일마
다 캐주얼을 입는 캐주얼데이 등 요일별 재미 찾기와 휴
가 보내기, 칭찬 페스티벌, 해외여행, 유머경연대회 등
헤아릴 수 없이 다양한 방법으로 즐거움과 재미를 찾아
가고 있는 것을 볼 수 있습니다.

# 편 경영 실행 시 기대효과,
# 주의할 점

편 경영은 기업구조를 변경하지 않고서도 경영자와 종업원 모두를 회사의 주인으로 만들어 줍니다. 시장에서 승리하려면 상품과 서비스도 중요하지만 무엇보다도 그것을 만들고 제공하는 '사람'이 경영의 중심이 되어야 합니다. 직원들에게 자율적으로 보다 높은 목표치를 설정하도록 동기를 부여하고, 단순한 고용인이 아니라 의사결정의 파트너로서 적극적으로 의사결정에 참여하여 주인이 되게 하는 것입니다. 따라서 종업원들의 가치를 극대화 하고 신명나고 즐거운 직장을 만들어 노동 생산성도 아울러 높이기 위해 펀 경영을 도입하는 것입니다.

펀 경영을 통해 종업원 만족도가 향상되면 이직률이 낮아지고 좋은 회사라는 구전효과를 가져옴으로써 애사심이 향상되며 나아가 우수 인재를 확보할 수 있게 됩니다. 이러한 좋은 현상들은 곧바로 외부고객에게 전파되고 결국 기업의 이익이 증대되어 또다시 종업원 만족도가 향상되는 선순환 효과를 가져올 수 있는 것입니다. 또한 즐겁게 일하는 조직문화는 종업원들의 스트레스를 줄이고 창의력과 업무의욕 증대를 가져와 장기적인 관점으로 볼 때는 기업의 성장 에너지가 될 것입니다.

주의할 점은 펀 경영의 도입을 단순한 기업 마케팅과 홍보의 전략으로 사용해서는 안됩니다. CEO의 교체나 기업 전략의 변경에 따라서 너무나 유동적이고 한시적인 경영전략으로 취급되어서도 안됩니다. 말단 직원들이 제대로 인식하지 못하는 복잡한 기법은 오히려 바쁜 종업원들에게 짐을 지워 괴롭게 하는 등 또 하나의 번잡한 일로 변질되어질 뿐입니다. 따라서 편 경영을 지나치게 이벤트화하여 기법Skill으로만 접근할 것이 아니라 마음속 깊이 스며들게하여 습관화, 생활화할 수 있도록 가능한 자율적인 분위기를 연출해 주는 것이 중요합니다.

# 42

# 일이 즐겁다?

나는 가끔씩 강의 중에 "여러분들 중에 일
이 즐거운 분이 있습니까?"라고 물어봅니다.
대체로 열사람 중 한사람 꼴로 "일이 즐겁다"라고 대답
합니다. 나는 그런 분을 볼 때마다 신기하기도 하고 부
럽기도 합니다. 왜냐하면 일은 결코 즐겁지 않기 때문입
니다.

왜 일이 즐겁지 않습니까? 일을 한자로 표현하면 노
동勞動입니다. 여기서 勞자의 구조를 해석해 보면 머리위

에 불을 하나도 아니고 두 개씩이나 올려놓고 힘을 쓴다
는 의미입니다. 따라서 일은 결코 즐겁지 않습니다. 일
이 즐겁지 않고 힘들기 때문에 그 댓가로 임금을 받는
것입니다. 따라서 일은 당연히 어렵고 힘들고 하기 싫은
것입니다. 하지만 일을 즐겁게 하지 아니하면 일생의 대
부분의 시간을 고통 속에서 보내야 합니다. 왜냐하면 사
람은 하루에 적어도 8시간 이상은 일을 해야 하기 때문
입니다. 즐겁게 일하는 것은 행복한 인생과도 밀접한 관
련이 있습니다. 결론적으로 행복한 인생을 살기 위해서
는 무조건 일을 즐겁게 해야 합니다. 그러기 위해서는
일에 대한 패러다임을 바꾸어야 합니다.

　현대그룹의 창업자 故정주영 회장님은 일을 노동勞動
이 아니라 낙동樂動으로 생각하고 일하라는 일화도 있습
니다. 낙동樂動이 곧 즐겁게 일하는 것이며 펀 경영인 것
입니다.

# 43

# 일하는 행복

채용박람회에 일자리를 찾아 수만 명의 실직자가 모여듭니다. 지방직 말단 공무원 시험에도 수천 명의 대졸자가 응시합니다. 그럴 것입니다. 낙타가 바늘 구멍에 들어가기 보다 더 어려운 것이 일자리이기 때문입니다.

산다는 것은 기동起動한다고 했고, 죽는다는 것은 숨을 죽인, 즉 움직임을 중단하는 것이라 했습니다.

그렇습니다.

이처럼 일이라는 것, 그리고 일할 수 있다는 것, 할 일이 있다는 것은 살아있다는 증거요, 조물주께서 인간에게 주신 크신 축복이요, 진정한 행복입니다.

인생을 신명나게 하는 것은 수고요, 지루하게 하는 것은 나태입니다. 그럼에도 불구하고 우리는 일이 힘들다, 고되다, 어렵다고 불평들을 합니다.


직업은 조물주께서 주신 천직이요, 소명입니다.

따라서 직업에는 귀천歸天이 없습니다.

소중한 것입니다.

평등하고, 똑 같은 것입니다.


일과 직업을 통해서 삶의 행복을 추구합시다.

특별히 조물주께서 우리에게 맡기신 일을 통하여….

# 44

# 웰빙의 허와 실

88올림픽 이후, 우리나라는 후진국에서 벗어나 신흥개발도상국으로 부상하게 되었습니다. 많은 나라들이 대한민국을 주시하였고 연이어 WTO, OECD에 가입하면서 그동안 닫혀있던 규제들을 과감히 풀었습니다. 그래서 선진국들의 문화가 밀물처럼 밀려들어왔습니다. 그 대표적인 것중에 하나가 '웰빙Well-being' 붐 입니다. 우리나라에서 웰빙 붐은 참으로 뜨겁게 달아올랐는데 그런 이유에서인지 우리나라

만의 새로운 형태의 웰빙 문화가 생겨났습니다. 그 대표적인 것이 노래방, 찜질방입니다. 지금은 중국 등지에 수출이 될 정도로 세계화되어졌습니다. 하지만 이렇게 웰빙 문화가 꽃을 피웠는데도 무슨 이유에서인지 오히려 자살과 이혼은 늘어갑니다. OECD회원국에서 아마 1, 2위를 다툴 것입니다. 잘못된 웰빙 문화가 낳은 또 다른 병폐는 '얼짱', '몸짱' 입니다. 나에게는 요즘 고민이 하나 더 생겼습니다. 슬하에 23살짜리 아들과 18살짜리 딸이 있습니다. 둘 다 공교롭게도 키가 또래들보다 훨씬 작습니다. 그렇다고 얼짱도 아닙니다. 저들이 제대로 시집, 장가나 갈까 걱정아닌 걱정이 됩니다. 중요한 것은 몸도 얼굴도 아닌 '마음' 입니다. 얼짱, 몸짱이 아니라 '마음짱' 이 많아야 우리나라의 미래가 밝을 것입니다.

미국의 철학자 화이트 헤드White Head는 사람이 살고 있는 유형을 3가지로 나누고 있습니다. 살고 있는 사람, 잘 살고 있는 사람, 그리고 더 잘 살고 있는 사람입니다. 여기서 '살고 있는 사람'이란 그저 자기 육신만 건강하게 잘 살면 된다는 주의입니다. 즉, 개인주의, 이기주의적인 삶을 말합니다. '잘 살고Well-being 있는 사람'이란 육체도 건강하지만 마음도 건강한 사람을 일컫습니다. 즉, 몸도 마음도 건강한 사람입니다. '더 잘 살고 있는 사람'이란 몸도 마음도 건강하면서 자기가 가지고 있는 것들을 이웃과 나누며 베풀면서 살아가는 사람을 말합니다. '마음짱'입니다. '더 잘사는 사람', 즉 '마음짱'이 많은 대한민국이 되기를 간절히 소망해 봅니다.

# 행복을 방해하는 것들…

# 45

멍 하린의 '10일안에 변신하기'에서 작가는 행복을 방해하는 10가지 장애를 열등감, 게으름, 목표상실, 불평, 무관심, 허영심, 자기한계, 이기주의, 완벽주의, 약속불이행으로 꼽았습니다. 나도 많은 부분 공감합니다. 10가지에다 더 보탠다면 욕심, 거짓말, 갈등심화, 과음, 질병, 비만, 바쁜 일과, 실패의식, 부정적 사고, 무감사 등입니다. 혹시 'Grant연구보고서'를 아십니까? 1937년에 하버드 대학 2학년이었던

268명에 대한 인생추적 연구보고서입니다. 이 보고서에 의하면 그들 중의 3분의 1이 정신질환에 걸렸다고 합니다. 아무리 명문대학을 나오고 천재일지라도 정신질환에 걸리는 인생이라면 결코 행복하지는 않겠지요? Grant보고서에서 제시하는 행복의 조건 7가지 요소는 ①고통에 잘 적응하는 성숙한 자세, ②안정된 결혼, ③금주, ④금연, ⑤운동, ⑥적절한 체중, ⑦계속하는 교육, 연구 활동이었습니다.

행복은 명문대학이나 명석한 머리에서 나오는 것이 아니라 아주 평범한 일상생활에서 나오는 것입니다. 결국, 행복은 군더더기 없는 순수한 마음에서 나온다고 봅니다. 흔하지 않는 네잎 클로버, 즉 '행운'을 좇으려 하지 말고, 언제나 내 주위에서 쉽게 얻을 수 있는 세잎 클로버, 즉 '행복'을 찾는 지혜가 필요합니다.


순금에 도금하는 것
백합에 색칠하는 것

제비꽃에 향수를 뿌리는 것

무지개에 다른 색깔을 더하는 것

하늘에 있는 태양의 불빛에 촛불을 켜는 것

이런 것은 모두

쓸데없고 어리석은 행동이다.


–세익스피어의 '군더더기' 중에서

# 46

# 행복한 이기주의가 되라

대중가수 송대관씨가 불러서 히트한 '인생은 생방송'이라는 노래의 가사에 보면 "인생은 생방송 홀로드라마 되돌릴 수 없는 이야기————〈중략〉———— 인생은 재방송 안돼 녹화도 안돼 오늘도 나 홀로 주인공"이라는 노랫말에서 보듯이 인생길은 '일방통행'입니다. 되돌릴 수가 없습니다. 따라서 결코 헛되이 보내서는 안 된다는 뜻일 겁니다. 시간을 금쪽 같이 사용해야 합니다.

헤르만 헤세의 '행복해 진다는 것'이라는 제목의 시
에서도 인생을 잘 표현하고 있습니다.


"인생에 주어진 의무는 다른 아무것도 없다네,

그저 행복하라는 한 가지 의무뿐 우리는 행복하기 위해 세
상에 왔네.

그런데도 그 온갖 노력 온갖 계명을 갖고서도 사람들은 그
다지 행복하지 못하네.

그것은 사람들 스스로 행복을 만들지 않는 까닭이지.

인간은 선을 행하는 한 누구나 행복에 이르지.

스스로 행복하고 마음속에서 조화를 찾는 한 그러니까 사
랑을 하는 한….

사랑은 유일한 가르침, 세상이 우리에게 물려준 또 하나의
교훈이네.

예수도 부처도 공자도 그렇게 가르쳤네.

모든 인간에게 세상에서 가장 중요한 것은 그의 가장 깊은
곳 그의 영혼 그의 사랑하는 능력이라네.

보리죽을 떠 먹든 맛있는 빵을 먹든

누더기를 걸치든 보석을 휘감든
사랑하는 능력이 살아있는 한 세상은
순수한 영혼의 화음을 울렸고
언제나 좋은 세상 옳은 세상이었다네."

　사람의 삶의 목적은 '행복' 입니다. 행복해지려면 '선
한 이기주의' 가 되어야 합니다. 먼저 자신을 사랑해야
합니다. 자기를 사랑하지 못하는 사람은 다른 사람도 사
랑하지 못합니다. 또한 다른 사람의 눈치를 보지 않고
자기의 분명한 사명과 목표를 향해 달려가야 합니다. 그
리고 자신에게 붙어 다니는 꼬리표, 즉 열등감을 떨쳐버
려야 합니다. 걱정 근심도 과감히 버리면서 살아야 합니
다. 오늘 일을 내일로 미루지 않아야 하며 다른 사람들
에게 의존하지 않는 주체적인 삶을 살아야 합니다. 미지
의 세계를 그리면서 긍정적으로 살아야 합니다. 서로 사
랑하면서… 용서하면서….

# 47

# 욕심을 줄여야 행복해집니다

모 TV방송에서 어느 중년 남자들의 모임에 찾아가 미션을 주었습니다. 즉석에서 아내에게 전화를 걸어 "여보, 지금 행복해?"라는 질문을 해 보라는 것이었습니다. 아내들의 반응은 어떠했을까요?

…"술 먹었어", "갑자기 왜그래", "미쳤어"… 더 황당한 것은 "다른 여자로 착각 하는거 아냐" 등등.

과연, 한국인의 행복지수는 얼마나 될까요? 모 주간

지에서 조사한 것을 보니까 100점 만점에 64점 정도였습니다. 필자도 강의 도중에 피교육생들에게 행복지수에 대한 자기 진단을 해 봅니다만, 그때도 대략 60~70점 정도입니다. 점수로 볼 때 한국인은 별로 행복하지 않은 것 같습니다. 그런데 모 주간지 조사에서는 특이한 점이 있었는데 남자와 여자의 점수 차이는 거의 없었는데 비해 지방별로는 차이가 있었습니다. 가장 점수가 높은 곳은 강원도였고, 가장 낮은 점수는 경기 · 인천이었습니다. 소득 수준으로 볼 때는 경기 · 인천이 강원도 보다 높은데 행복지수는 무려 10점 이나 차이가 났습니다. 뿐만 아니라 매년 국가별로 행복지수를 조사하여 발표하는 데이터를 봐도 행복지수가 높은 나라들은 대부분 후진국, 가난한 나라들입니다. 우리가 아는 선진국들은 대부분 50위권 아래에 위치해 있습니다. 이 두 조사 결과에서 다른 건 몰라도 분명히 알 수 있는 것은 소득 수준과 행복지수는 비례하지 않는다는 것입니다. 돈은 행복의 필요조건은 될 수 있지만, 충분조건이 아님을 입증하고 있

는 것입니다. 오히려 무소유가 행복의 조건입니다. 과욕
은 부족한 것보다 못합니다. 욕심을 줄여야 행복해 집니
다.

# 48

# 행복지수

행복이란 '심신心身의 욕구가 충족되어 조
금도 부족함이 없는 상태'를 말합니다. 즉,
몸도 건강해야 하지만 마음도 건강해야 행복해 진다는
의미입니다. 나는 '행복지수=나의소득/나의욕구'라고
정의합니다. 이 공식에서 행복지수를 높이게 하는 방법
은 3가지가 있습니다. ①욕구는 그대로 두고 소득을 올
리는 방법, ②소득은 그대로 두고 욕구를 줄이는 방법,
③소득은 올리고 욕구를 줄이는 방법입니다. 가장 좋은

방법은 ③번이지만 월급쟁이가 대부분인데 소득을 자기 마음대로 올린다는 것은 사실상 불가능합니다. 따라서 ②번이 가장 현실적인 방법입니다. 나의 욕구는 내 의지만 있으면 얼마든지 줄일 수 있습니다. 나는 힘들고 불행하다고 느낄 때마다 이 공식을 적용해 보곤 합니다.

현재 대학 3학년에 재학 중인 아들 녀석이 4년 전에 대학 수능 시험을 칠 때 일화입니다. 전교에서 탑 클래스를 줄곧 달리던 아이가 정작 수능에서는 제 점수를 못 받았을 때 일입니다. 퇴근하고 집에만 들어가면 괜히 화가 나고 짜증이 났습니다. 그렇게 1주일을 보내다가 문득 자아를 성찰해 보고는 본 공식을 대비해 보았습니다. 그때서야 나는 나도 모르게 아들에 대한 기대치가 너무 높아 있다는 사실을 발견하게 되었고, 따라서 철저하게 욕심을 줄이려는 노력을 했습니다. 그 후로 평상심을 되찾을 수 있었습니다. 욕심을 줄여야 행복해집니다.

# 49

# 장자壯者의 고언

計人之所知 不若基所不知
(계인지소지 불약기소부지)

其生之時 不若未生之時
(기생지시 불약미생지시)

以其至小 求窮其至大之域
(이기지소 구궁기지대지역)

是故迷亂 而不能自得也

(시고미란 이불능자득야)


　사람이 알 수 있는 범위를 헤아리 건데,

　알 수 없는 범위에 훨씬 못 미치며,

　우리가 살 수 있는 시간의 길이란,

　태어나기 이전의 유구한 시간에 비하면 아무것도 아

니다.

　이렇게 아주 미묘한 존재임에도 불구하고,

　무한한 세상의 온갖 것들을 다 구하려는 욕심 때문에,

　마음이 어지럽고 혼란스러워 도저히 얻을 수 없는 것

이다.


　행복은 내 소유의 많음에 있는 것이 아니고, 내 욕망

의 적음에 있음을 항상 잊지 말아야 합니다.

# 열등감을 버려야 행복해집니다

열등감劣等感이란 자신을 남들보다 못하거나 무가치한 인간으로 낮추어 평가하는 감정을 말하는데, 근본적으로 인간은 열등감에서 완전히 벗어나기는 어렵다고 합니다. 심리학적으로 적당한 열등감은 삶의 긴장감을 주어서 플러스 효과가 있다고는 하나, 지나친 열등감은 자신이 가지고 있는 무한한 능력을 발휘하지 못하게 하는 장애물이 됩니다. 열등감은 외모, 학력, 집안배경, 돈, 성격 등 다양한 분야에서 나타나며 우리가 잘 아는 세계적인 영웅들도 열등감이 있었다고 합니다. 나폴레옹, 강감찬 장군, 박정희 전 대통령 등은 키가 작아 열등감이 있었다고 합니다. 그들이 만약 열등감을 극복하지 못했다면 결코 한 시대를 풍미한 영웅이 될 수 없었을 것입니다. 우화 한 가지를 소개하겠습니다. 옛날 옛날에 4.5와 5라는 사람이 살았습니다. 4.5는 5보다 작아 5앞에만 서면 열등감에 쌓여 제대로 실력을 발휘하지 못했습니다. 그러던 어느 날 4.5가 5앞에 아주 당당한 모습으로 나타났습니다. 이상하게 느낀 5가 4.5에게 물었습니다.

"야, 4.5! 너 왜 갑자기 그렇게 당당해 졌니?"

4.5가 대답했습니다.

"형, 나 점 뺏어!…."

점을 빼고 나니 45가 되었기에 5정도는 아주 우습게 보인 것입니다. 우스개 같은 이야기지만 나름대로 주는 교훈이 있는 것 같습니다. 안데르센 동화에 나오는 '미운 오리새끼' 이야기도 마찬가지입니다. 미운 오리 새 끼라는 열등감 때문에 실제로 백조임에도 불구하고 좌 절과 고통 속에 산 것입니다. 열등감을 극복해야 자신이 가지고 있는 무한한 능력을 발휘할 수 있습니다.

**Impossible** → **I' mpossible**

# 51

# 열정의 가수 인순이

최근 '거위의 꿈'을 불러서 인기를 끈 가
수 '인순이'를 아십니까? 그녀는 1957년생
으로 올해 나이 쉰 네살의 중년가수입니다. 1978년에
그룹 '희자매'로 데뷔하여 현재까지는 14장의 정규앨범
을 포함하여 총 19장의 앨범을 발표하였습니다. 그녀는
데뷔 후 30년간 끊임없이 활동해 오면서 한국 최고의
여가수로 자리매김하고 있습니다. 인순이는 한국인 어
머니와 주한 미군이었던 흑인 아버지 사이에서 태어나

청소년 시절을 힘들게 보냈습니다. 가정형편으로 인하여 고등학교에도 진학하지 못했습니다. 그러나 그녀는 그런 자신의 처지를 비관하지 않고 좋아하는 노래를 통하여 이겨내었습니다. 어린 시절 남다른 외모 때문에 온갖 눈총에 시달리면서도 '내 인생은 내가 가꿔가는 것'이란 생각으로 마음을 강하게 먹었다는 그녀는 어느 청소년 프로그램에서 "나도 해냈으니 여러분도 충분히 해낼 수 있어요"라고 힘주어 고백했습니다.

이 글을 쓰고 있는 나도 인순이와 비슷한 피부 색깔 때문에 어릴 때 친구들로부터 놀림도 많이 받았습니다. 그 시대에 검은 것은 거의 나의 별명이 되었습니다. 무하마드 알리, 쿤타킨테, 니그루, 베트콩, 연탄 등등…. 하지만 인순이는 노래로써 열등감을 극복했듯이 저도 좋아하는 노래와 특히, 교회에 나가면서 완전히 열등감에서 해방되었습니다. 영어로 '불가능하다' 라는 단어가 'Impossible' 입니다. 스펠링 I 와 m 사이에 콤마를 하나 찍어보면, 'I'm possible'이 됩니다. 그렇습니다. 자기 내면에 있는 열등감을 과감히 버리고, 자신의 강점을 찾아 적극적으로 삶에 적용한다면 못할 것은 아무것도 없습니다.

# 52

# 열등감을 극복한 위대한 영웅들

앞에서 거론한 나폴레옹, 강감찬 장군, 박정희 전 대통령 외에도 많은 사람들이 열등감을 극복하여 위대한 삶을 살았습니다. 중국 한나라 시대의 회음후 한신은 보잘 것 없는 외모 때문에 불량배들의 가랑이 사이를 기어 다니는 수모를 겪었고 빨래터 노파들의 밥을 빌어먹기도 했습니다. 초패왕 항우는 범증의 볼품없는 용모를 업신여겨 그의 천거를 번번이 거부하며 십년간이나 말단 벼슬아치 자리를 맴돌게 했습니

다. 항우에게 실망하고 유방 밑으로 들어간 한신은 연전
연승하며 해하에서 항우를 완전히 섬멸하고 천하를 유
방에게 안겨줌으로써 기어코 전 중국 역사상 최고의 명
장이 되었습니다.

명나라 태조 홍무제 주원장도 마찬가지입니다. 그는
오랑캐의 나라 원대 말기, 안휘성의 빈농 한족 집안에서
태어나 17살에 천애고아가 되어 탁발승으로 가뭄과 기
근이 찌든 험악한 세상을 이겨내야 했고, 전란 통에 비
적 무리의 일개 졸개가 되었을 때는 아무도 그를 알아주
지 않았습니다. 그 후 혁혁한 전과를 올린 공적으로 반
란군의 제2인자 자리에 올랐고, 원나라 몽골군을 중원
에서 몰아낸 후에도 양반 사대부 집안의 멸시와 견제에
시달려야 했습니다. 그래도 그는 조금도 원망하거나 좌
절하지 않고 결국 오랑캐를 완전히 몰아내고 한족漢族천
하를 만들어 명나라 초대 황제가 되었습니다.

어리석은 개미는

자신의 몸이 작아
사슴처럼 빨리 달릴 수
없음을 한탄하고

똑똑한 개미는
자신의 몸이 작아
사슴의 몸에 붙어 달릴 수 있음을
자랑으로 생각한다.

어리석은 사람은
자신의 단점을 들여다보며
슬퍼하고

똑똑한 사람은
자신의 장점을 찾아내어
자랑한다.

－이규경님의 '짧은 동화 긴 생각' 에서－

# 53

# 칭찬은 행복의 에너지입니다

갓 태어났을 때 인큐베이터에서 겨우 목숨을 건진 아이가 있었습니다. 그러나 산소과다 공급으로 인해 그만 눈을 실명하고 말았습니다. 병원을 퇴원한 아기는 무럭무럭 자라 어느 듯 학교에 다니게 되었는데 어느날 교실에서 수업을 받던 중 쥐 한마리가 나타나서는 어디론가 숨어버렸습니다. 선생님은 순간 눈에 보이지 않는 사람은 청각이 뛰어다나는 사실을 알고 맹인인 한 소년에게 쥐가 어디 있는지 찾아보라고 했습니다. 모두가 숨을 죽이고 있는데 그 소년은 쥐가 숨어 있는 곳을 정확하게 찾아내었습니다. 수업이 끝난 후 선생님은 그 소년을 불러 이야기 했습니다. "너는 우리 반 누구도 갖지 못한 특별한 능력을 갖고 있어. 그것이 너의 커다란 장점이란다." 이 한마디 칭찬은 그 소년의 일생을 바꾸어 놓았습니다. 평소에 음악을 좋아했던 소년은 시각장애인이었지만 연주소리를 유심히 듣기만 해도 그 선율을 정확하게 기억하여 연주할 수 있는 탁월한 음악적 재능을 지니고 있었던 것입니다. 그리하여 소년은 불과 12세 때 첫 음반을 냈으며, 천재적인 음악성을 인정받아 인기가수와 작곡가로 명성을 날리게 되었는데 그가 바로 맹인가수 '스티브 원더'입니다. 칭찬은 고래도 춤추게 하는 위대한 에너지를 가지고 있습니다. 칭찬은 받는 사람이나 하는 사람 모두가 행복해 지는 삶의 엔돌핀입니다.

# 54

# 칭찬에 대한 두 가지 실험

일본 작가 에모토 마사루의 베스트 셀러 '물은 답을 알고 있다' 라는 책을 보면 아주 재미있는 실험이 많습니다. 물은 생명체이므로 외부에서 어떤 상황을 주면 물의 조직체가 변한다는 과학적 실증 연구입니다.

다음 그림에서 보듯이, 칭찬과 감사의 말을 들은 물은 좌측 그림과 같이 표면이 다이아몬드와 같은 육각수가 되었고, 반대로 미움과 불평의 말을 들은 물은 그림과 같이 마치 악마가 무엇을 삼키려고 입을 벌리는 모양으로 변한다는 실험입니다. 만약, 이 실험이 사실이라면 사람의 몸은 70%가 물로 이루어졌기 때문에 칭찬을 많이 들은 사람의 몸은 언제나 건강해질 것이고, 반대로 미움과 불평을 말하거나 듣거나 하는 사람의 건강은 자꾸 나빠져갈 것입니다.

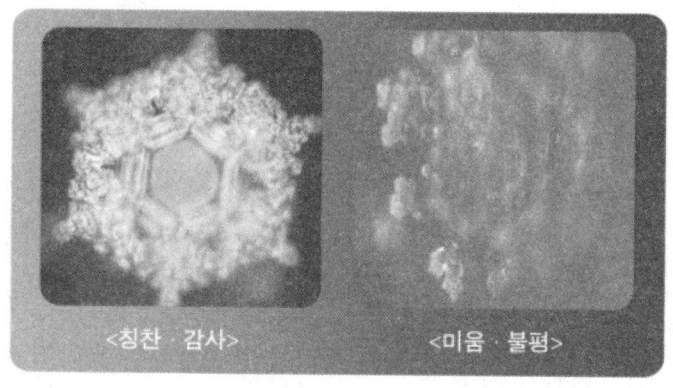

&lt;칭찬·감사&gt;　　　&lt;미움·불평&gt;

또 하나의 실험은 교육 심리학자 엘리자베스 허록 Elizabeth Hurlock 박사의 실증 연구입니다. 그림에서 보듯이, 시험 결과에 상관없이 계속 칭찬을 받은 그룹은 신기하게도 계속 성적이 올랐고, 질책을 당한 그룹은 올랐다 내렸다 하며, 더 놀라운 것은 무관심한 그룹은 처음부터 끝까지 밑바닥을 벗어나지 못하고 있음을 알 수 있습니다.

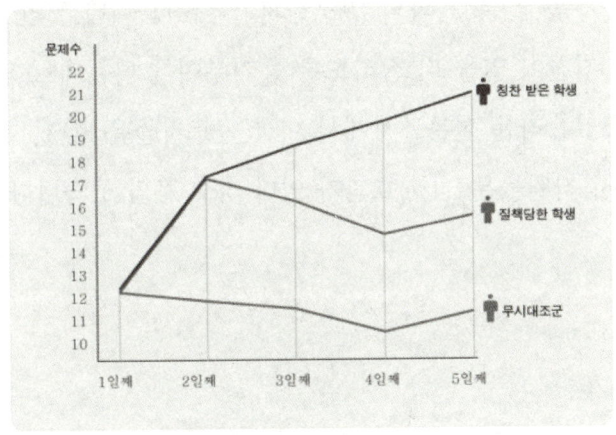

〈엘리자베스 허록의 연구〉

이 실험에서 특히 간과해서는 안 될 것은 무관심 그룹입니다. 무관심은 질책보다도 더 나쁜 것이며, 사랑의 반대말은 미움이 아니라 무관심이라는 말도 있습니다.

나는 이 연구에 입각하여, 현재 고등학교 3학년 재학

중인 내 사랑하는 딸에게 중학교 1학년부터 실제 이 실험을 적용해 보았습니다. 처음 시험 땐 70점 후반이던 딸의 점수가 칭찬의 위력으로 중학교 3학년 말에는 거의 90점대에 이르렀음을 알 수 있었습니다. 직장인들에게도 똑 같은 효과의 연구결과가 나왔습니다. '인정이나 칭찬이 일을 더 잘하도록 동기부여를 하는데 효과가 있느냐' 라는 설문조사에서 미국 근로자들은 80%, 한국 H사 직원들은 84% 효과가 있다 라고 응답 했습니다.

# 55

# 칭찬을 잘 하려면…

칭찬이 참으로 중요함에도 불구하고, 생각보다는 잘 되지 않습니다. 칭찬하기가 힘든 이유를 살펴보면,

건방져 보일까봐…

상대방이 별로 원하지 않는 것 같아서…

해본 적이 없어서…

말로만 해야 하니까…

상사가 기어오른다고 오해할까봐…

편애하는 것 같아서…

당연한 것이기 때문에…

아부로 보일까봐… 등입니다. 따라서 칭찬을 잘하기 위해서는 다음과 같은 사항을 꼭 명심하고 실천해야 합니다.

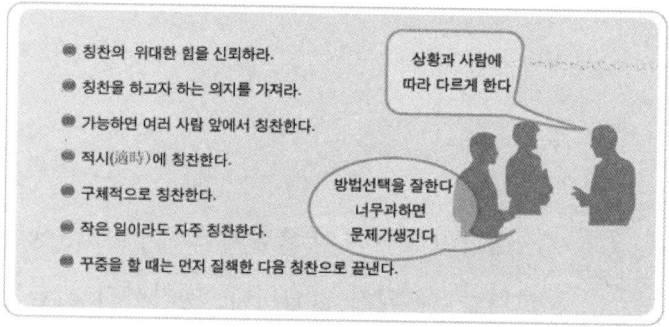

# 칭찬의 위력

어려울수록 칭찬하면서 삽시다.

카네기 철강회사의 잡부로 들어가 38세 나이로 US Steel Company의 CEO자리까지 올랐던 찰스 슈와브는 그의 성공비결에 대해 다음과 같이 말했습니다.

"나는 사람의 열의를 불러 일으키는 능력을 지니고 있는데, 그것이 내가 소유하고 있는 가장 커다란 재산입니다. 사실 그 비결은 매우 단순한 것입니다. 그것은 다름이 아니라 다른 사람들의 장점을 키워주기 위해 칭찬과 격려를 아끼지 않는 것이죠, 상사로부터 꾸중이나 질책을 듣는 것만큼 사람의 의욕을 꺾는 것도 없습니다. 나는 결코 사람을 비난하지 않습니다. 다른 사람들로 하여금 열과 성을 가지고 일하게 하려면 격려가 필요하다고 혹 믿고 있기 때문이죠, 나는 남을 칭찬하는 것을 좋아하는 반면, 비난하는 것을 매우 싫어합니다. 그리고 마음에 드는 일이 있으면 진심으로 칭찬하고 아낌없는 찬사를 보냅니다."

우리 사회는 아직도 유교사상의 잔재가 남아 있어 칭찬과 격려에 몹시 인색합니다.

이런 잘못된 관행(권위주의 등)을 이제는 과감히 던져버리고, 칭찬은 고래도 춤추게 함을 굳게 믿음으로 마음껏 축복하며 칭찬하는 사회로 만들어 나갑시다.

# 57

# 차이점을 존중하면 행복해집니다.

나를 비롯하여 대부분의 한국 사람들은 대
체적으로 '다르다'와 '틀리다'를 잘 분별할
줄 모르는 것 같습니다. 자기와 의견이 다르면 '틀렸
어', '잘못 됐어'라고 단정지어 버립니다. 자기 의견이
'무조건 옳다'라는 잘못된 나르시시스트에서 나오는 발
상입니다. 이로 인하여 개인 간, 집단 간, 조직 간의 갈
등이 생겨나게 되는 것입니다. 여러분은 그림에서 무엇
이 보입니까?

누구는 천사, 누구는 악마, 누구는 박쥐 등등….

사람마다 각각 '다르게' 볼 수 있는 것입니다. 현재
지구촌의 인구가 대략적으로 65억명 정도라고 합니다.
그 많은 사람들 중에 혹시 나와 똑같거나 닮은 사람이
있습니까? 비슷한 사람은 있을지 몰라도 똑같은 사람은
없습니다. 일란성 쌍둥이도 약간의 차이가 있다고 합니

다. 다르니까 그들의 부모가 형과 아우를 구분할 수 있는 것 아니겠습니까? 조물주는 각기 다른 형태로 사람을 창조하셨습니다. 다르기 때문에 가치가 있고 모두가 걸작품인 것입니다. 아무리 아름다운 것이라도 많으면 희소성이 떨어져 대수롭지 않는 것이 됩니다. 자기 눈에 보이는 것이 다 사실이 아님을 인식하고 타인의 의견도 존중해 줄 수 있는 열린 마음의 소유자가 되어야 합니다. 화이부동和而不同이란 말이 있습니다. 남들과 사이좋게 지내되, 그저 사이 좋게만 지내는 것이 아니라, 서로 간의 다름과 차이점을 분명히 인정하고 받아들이는 바탕 위에서 조화를 이루어 화합해 나가자는 말입니다. 차이점의 존중은 조직에서 갈등을 해소해 줍니다.

# 58

# 자기관점 중심의 오류

사람은 대체적으로 자기 눈에 보이는 것만
으로 판단하려는 경향이 있습니다. 하지만
눈에 보이는 것이 전부가 아니기 때문에 다른 사람과 의
견 충돌과 시행착오를 겪게 됩니다. 보이는 것보다는 본
질을 파악하는 것이 더 중요합니다. 우측 그림은 푸에르
토리코 국립 미술관에 보관되어 있는 '젊은 여자의 젖
을 빠는 노인과 여인' 이라는 그림입니다. 여러분은 이
그림을 보면서 무엇을 느낍니까?

　대개는 좀 음탕한 시선으로 바라봅니다. 하지만 그림
의 본질을 파악해보면 전혀 다른 사연이 있습니다. 음식
물을 반입 금지하는 감옥소에서 사형 집행을 앞둔 아버
지를 보기 위해 해산한 지 며칠 안되는 딸이 무거운 몸
을 이끌고 감옥소를 찾았습니다. 아버지를 위해 뭔가를
해드려야했기에 딸은 가슴을 풀고 불은 젖을 아버지의
입에 물리고 있는 안타까운 장면입니다. 푸에르토리코
인들은 민족혼이 담긴 최고의 예술품으로 자랑하고 있

지만, 이 숨은 이야기를 모르는 사람들은 비난과 모욕을 서슴지 않습니다. 그러나 그림 속에 담긴 본질을 알고 나면 눈물을 글썽이며 명화로 인정하게 되는 그림입니다.

결과만 가지고 판단하면 안 됩니다. 가장 합리적 판단 방법은 '이판사판理判事判' 해야 합니다. 즉 事判(사실 또는 결과만 가지고 판단하는 것)에 理判(이론 또는 과정을 고려한 판단)을 더하여 종합적으로 판단해야 오류를 줄일 수 있습니다. 이판사판 공사판이 아닙니다. 이런 말은 잘못 쓰여지고 있는 비어입니다. 이판사판은 아주 좋은 뜻을 지니고 있는 사자성어입니다.

# 59

# 동의 · 동감 · 공감

보이는 것이 전부가 아닙니다. 예를 들어 착시현상이 한 예입니다. 착시현상은 인간의 시각 시스템이 어떤 물체를 실제가 아닌 다른 것으로 인지하는 현상을 말합니다. 즉 '맹점'이 만들어 내는 환상을 말합니다. 따라서 자신의 감각을 과시하지 말아야 합니다. 성철 스님은 "산은 산이요 물은 물이다"라는 유명한 말을 남겼습니다. 그러나 사람에 따라서는 산이 아닐 수도 있고, 물이 아닐 수도 있습니다. 만약, 티벳의 독

립운동가 달라이라마의 눈에는 한반도를 아무리 살펴봐도 산이 없을 수도 있습니다. 왜냐하면 그의 나라 티벳에서는 해발 4,000m 이상만 산으로 부르기 때문입니다.

과학자 멘델의 '우열의 법칙'도 마찬가지입니다. 우성을 A라고 하고, 열성을 a라고 했을 때 AA와 aa의 자손은 AA, Aa, aA, aa이며, A가 우성이므로 자손의 우성 형질이 열성에 비해 3:1 비율로 나타난다는 법칙입니다. 즉, 사람에게는 서로의 능력 차이가 분명히 존재한다는 뜻입니다. 서양 강대국들의 침략으로부터 중국을 지켜내고, 통일 사회주의 국가를 건설한 마오쩌둥도 '사람의 능력에는 우열이 있다'라고 했습니다. 사회주의는 평등을 최고의 가치로 여기면서도 말입니다. 그는 호텔 말단 직원이 매니저의 말을 듣지 않는 것을 알고 그 말단 직원을 불러 타이르듯 말했습니다.

"인간으로서의 권리는 평등하네, 하지만 능력에는 우열이 있다네, 직장에서 그대가 총경리의 능력을 존경하고 따르지 않는다면, 직장 내에는 무질서만 남을 것이네…"

또한 프랑스의 전통민족사상 '톨레랑스Tolerance'의 의미를 아십니까?

사람들의 다양성을 인정하고 소수의 의견도 존중해주는 정신입니다. 이러한 민족 정신이 있었기에 프랑스는 세계 최고의 디자인 국가가 된 것입니다.

사람들은 개인별로 차이가 분명히 있습니다. 개성과 꿈이 서로 다르기 때문입니다. 성공적인 대인관계는 사람마다 각각의 차이점이 있다는 것을 인정함에서 출발합니다. 특히 타인과의 대화에서 동의(同意: 당신 생각과 내 생각이 같습니다), 동감(同感: 같은 상황에서 느낌이 같을 때) 그리고 공감(共感: 타인의 문제를 그들의 입장에서 생각하는 것)을 해주는 자세가 중요합니다. 느낌이 나와 다르다해도 상대방의 입장을 고려해 줄 때 합의점에 쉽게 이르게 되는 것입니다.

# 60

# 선물

누군가에게 선물을 받으면 행복합니다. 선물膳物을 한자로 풀이해 보면 '음식을 나눈다' 라는 의미를 가지고 있습니다. 내가 어릴적 할머니나 어머니께서 봄 나물을 손수 캐시어 맛있게 무치시면 우리 식구만 먹는 것이 아니라 먼저 이웃집에 조금씩이나마 나누어 먹었던 기억이 납니다. 그렇습니다. 선물의 원래 의미는 '마음을 나누는 것', '정성을 나누는 것' 입니다. 따라서 영어로 'Gift' 보다는 'Present' 의 의미에 가깝습니다. 이런 의미의 선물이라면 마음만 먹으면 얼마든지 나눌 수가 있습니다. 부담 없는 조그마한 장신구를 선물하는 것도 좋고, 껴안아 주는 것도 좋고, 열심히 일하는 동료에게 커피 한잔 마시자고 청해보는 것도 좋은 선물입니다. 미소를 한번 멋지게 지어주는 것도 소중한 선물이 될 수 있습니다.

나는 지금으로부터 20여 년전 대학을 졸업하고 K중공업에 입사하여 기술연구소에 배치를 받아 첫 설계오더를 받았던 때가 생각납니다. 간단한 설계였으나 실무경험이 거의 없었던 때라 어떻게 해야 할지를 몰라 허둥대고 있을 때 나보다 3년 빠른 선배가 기름 묻은 노트를 한권 건네 주면서 "오기사, 이 노트를 참고하면 설계하는데 도움이 될 거예요" 하고 퇴근을 하였습니다. 그 노트는 선배께서 입사하여 지금까지 자기가 배우고 깨우쳤던 여러 가지 설계노하우를 정리한 것이었습니다. 그분에게는 다른 사람에게 공개해서는 안 되는 아주 소중한 것이였지만 후배를 위하여 기꺼이 내 놓으신 것이죠.

나는 그 노트 덕분에 별 어려움 없이 설계를 끝낼 수 있었습니다. 20년이 훨씬 지난 지금도 영원히 잊혀지지 않는 아주 멋진 선물이었습니다. 선물Present을 나누면 행복해집니다.

# 61

# 웃을 때 행복해집니다

세계 최고의 동기부여 강연가인 브라이언 트레이시Brian Tracy는 성공의 85%는 인간관계에 달려 있으며 훌륭한 인간관계를 만드는 핵심 요소가 바로 '웃음'이라고 하였습니다. 인간관계에서 주고 받는 웃음은 바로 '신뢰'를 의미합니다. 신뢰는 훌륭한 일터를 만드는 필수 요소입니다. 우리나라도 마찬가지입니다. 얼마 전 모 민간 연구소에서 CEO들에게 설문조사를 한 결과, '유머가 기업 조직문화 활성화에 도움이 된다', '유머경영이 고객만족에 기여한다', '유머가 없는 사람보다는 유머가 풍부한 사람을 우선적으로 채용하고 싶다', '유머를 잘 구사하는 직원이 그렇지 않은 직원보다 일을 더 잘한다고 믿는다' 등과 같은 내용이 나왔다고 합니다. 통계 결과를 보더라도 유머는 일시적인 유행이 아니라 성공 인생을 위해서 꼭 가져야 할 필수 요건임을 알 수 있습니다.

와슨보고서Watson Wyatt Review(2006. 4)에 의하면, 웃음의 효과를 2가지로 요약하고 있습니다. 첫 번째는 조직 구성원들의 열정과 몰입을 이끌어 내는 효능이 있고, 둘째는 긍정적이고 적극적인 마음 상태를 만들어 내어 집중력과 생산성을 끌어 올리는 효능이 있다고 주장하였습니다. 필자가 다녔던 직장에서도 유머가 있는 팀장의 부서는 뭔지 모르게 무질서하고 어수선하게 보이지만 부서 성과는 경직되어 있는 부서보다 항상 좋게 나왔음을 기억하고 있습니다.

그렇습니다. 즐거운 기분은 생활에 윤활유와 같아서

정신 활동의 능률을 높이고, 정보 판단을 더 잘 할 수 있게 해주며, 나아가 인간관계도 좋게 해주는 마법과 같은 힘이 있습니다. 사람이 꽃보다 아름다운 이유는 '웃음'이 있기 때문입니다.

# 62

# IQ/EQ/CQ 그리고 HQ

우측 그림과 같이 사람에게는 몇 가지 능력이 있습니다. 새로운 지식이나 기술을 습득할 수 있는 지능지수IQ, 정서적으로 안정되고 행복감을 느낄 수 있는 감성지수EQ, 고정관념을 깨고 새로운 발상을 할 수 있는 창의성지수CQ, 그리고 상대방에게 웃음을 주어 다른 사람과의 좋은 인간관계를 맺게 하는 능력인 유머지수HQ입니다.

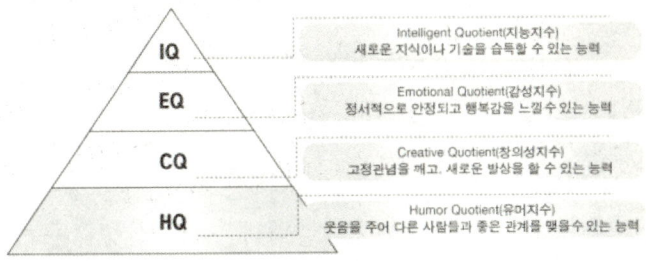

IQ와 EQ는 다른 책이나 매스컴에서 많이 들어본 것이지만 CQ와 특히 HQ에 대해서는 처음 접하는 분도 있을 것입니다. 이 지수들은 최근에 몇몇 산업교육강사들이 강연하면서 나름대로 창안해내어 쓰고 있는 용어들입니다. 여기서 IQ는 선천성 지수이고, 나머지 EQ, CQ, HQ는 후천성 지수입니다. 선천성 지수 IQ는 태어날 때부터 유전적으로 가지고 나오는 것이므로 현재 자신이 부단히 노력한다 해도 거의 개발이 되지 않는다고 할 수 있습니다. 그러나 후천성 지수 EQ, CQ, HQ는 지금이라도 열심히 그리고 체계적으로 노력하면 나이에 상관없이 얼마든지 개발될 수 있다는 것입니다. 따라서,

인생에서 중요한 것은 IQ가 아니라 EQ, CQ, HQ입니다. 아날로그 시대에는 지적 능력이 뛰어난, 즉 IQ가 뛰어난 사람들이 고등고시 등을 통해 신분의 수직 상승이 가능했습니다. 그러나 지금의 디지털 시대에는 IQ 보다는 EQ, CQ, HQ가 더 중요합니다. 여러 실증연구에서 성공한 사람들의 성공 요인을 조사해보니 80%이상이 '좋은 대인관계' 였다는 설문결과가 나왔습니다. HQ가 높은 사람은 상대방에게 웃음을 주어 좋은 대인관계를 맺을 수 있습니다.

# 63

# 사우스웨스트 항공사

미국의 국내 항공사 사우스웨스트항공사는 최초로 유머경영을 도입한 기업이라 해도 과언이 아닙니다.

지난 2000년 발생한 9·11테러 사건은 미국 항공 업계에 직격탄을 날렸습니다. 공포에 질린 미국 국민들이 항공편을 기피함으로써 미국 항공업계는 극심한 불황으로 전개 되었습니다. 이에 항공업체들은 운항 편수를 줄이고 대규모 인력을 감축하는 등 생존을 위해 몸부림쳤

습지만 불황의 골이 너무 깊어 많은 회사들이 파산하고 문을 닫았습니다. 그러나 이러한 악조건 속에서도 사우스웨스트 항공사만은 단 한명의 종업원도 내보내지 않고, 회사 창업 이후 32년간 연속하여 흑자경영을 실현하는 대기록을 세웠습니다.

과연 그 성공 비결이 무엇이었을까요? 여러 가지 이유가 있겠지만 그 첫 번째가 CEO인 허브 켈러허Herb D. Kelleher 회장의 '유머경영'의 실천에서 비롯되었다고 합니다. 그는 직원 스스로가 일하고 싶어하는 환경을 제공해야 한다는 경영철학을 매우 중요시 하며, 이를 앞장서서 실천했습니다. "비즈니스는 재미있을 수 있고, 또 재미있어야 한다"며, 점잖은 오찬 석상에 가수 엘비스 프레슬리의 복장으로 나타나기도 했고, 직원 생일과 같은 기념일 파티를 열고 함께 어울려 자주 술을 마시는 등 재미있는 직장 분위기를 만들기 위해 다양한 시도를 했습니다.

CEO의 이러한 솔선수범은 바로 직원들에게 전파되

어 하나의 새로운 조직 문화로 형성되어졌습니다. 사우스웨스트 직원들은 남들이 생각지도 못하는 기발한 아이디어로 승객들에게 행복의 기쁨을 줍니다. 예를 들면 일반적으로 승객들이 비행기를 타면 이륙하기 전 스튜어디스가 거의 기계적인 제스처로 비상시 탈출 요령을 설명합니다만 이에 귀 기울여 듣는 승객은 별로 많지 않습니다. 사우스웨스트의 한 스튜어디스는 손님들의 관심을 끌기 위해서 새로운 시도를 했습니다. 유행가 곡조에 비상시의 행동요령을 가사로 붙여 노래를 불렀습니다. 여기에다 하모니카를 연주하거나 마술쇼를 하는 등 이색적인 방법도 창안해 내어 많은 고객들로부터 호평을 얻어 내었습니다.

또한 스튜어디스들은 단정한 유니폼 대신 편안한 남방에 굽 없는 운동화 차림으로 손님에게 더 가까이 다가갔습니다. 어찌 보면 서비스가 가벼워 보이거나 승객을 무시하는 처사라고 생각할 수도 있지만 재미있는 유머와 서비스로 고객을 더 편안하고 기쁘게 해주었기에 불만을 갖는 손님은 거의 없었다고 합니다.

이러한 일련의 유머경영은 미국 항공업계 내에서 최소의 고객 불평건수, 가장 빠른 수화물 처리, 정시 도착율 1위 등 세계 최고의 서비스 수준을 만들어내고 있습니다.

# 64

# 억지로라도 웃고삽시다

하류야마 시게오는 '뇌내혁명'이라는 그
의 저서에서 사람의 뇌구조는 3중 구조로 되
어 있다고 주장합니다. 안쪽에 있는 뇌를 원뇌 또는 뇌
간이라 하고, 중간에 있는 뇌를 대뇌변연계 또는 구피
질, 바깥쪽에 있는 뇌를 대뇌신피질 또는 신피질이라고
합니다. 뇌마다 각각의 기능이 있습니다. 원뇌는 주로
행동 영역을 관장합니다. 따라서 원뇌가 발달된 사람은
실천력이 강하다고 합니다. 원뇌만 가지고 있는 동물도

있습니다. 뱀, 악어 등 파충류입니다. 이들은 행동력이
다른 동물에 비해 특별히 강합니다. 옛날 어릴 적에 뱀
을 잘못 건들여서 악착같이 따라오던 기억이 생생합니
다.

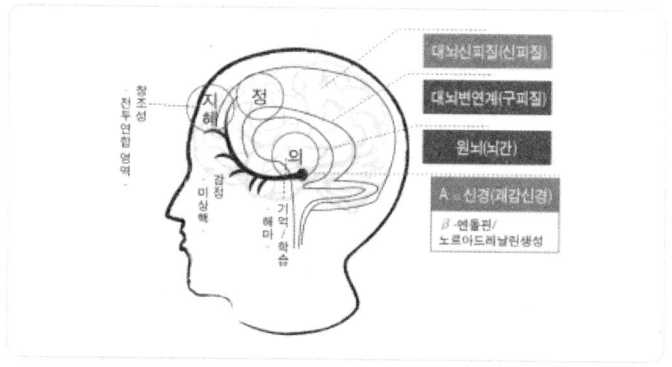

구피질은 감정의 뇌입니다. 기쁘다, 슬프다, 행복하다
등을 느끼는 뇌입니다. 파충류를 제외한 모든 동물은 구
피질이 있습니다. 개도 소도 감정이 있습니다. 따라서
그들을 학대하면 안 됩니다. 마지막으로 인간만이 유일
하게 가지고 있는 뇌가 신피질입니다. 인간의 본성을 다

스릴 수 있는 지혜의 뇌입니다. 이 지혜의 뇌가 있기에 비록 인간들이 사자, 호랑이, 코끼리 보다 힘은 약하지만 그들을 지배할 수 있는 것입니다. 신이 주신 축복입니다. 그런데 이 신피질에는 사람의 기분에 따라, A10이라는 신경세포에서 두 가지 물질이 나온다고 합니다. 기분이 좋을 때, 기쁠 때, 행복할 때는 $\beta$-엔돌핀이 나온다고 합니다. $\beta$-엔돌핀은 몰핀 성분, 즉, 마약입니다. 가끔씩 통쾌하게 웃고 나면 기분이 확 전환되는 이유가 뇌에서 몰핀이 나오기 때문입니다. 반대로 기분이 나쁠 때, 화가 날 때, 불평, 불만을 할 때는 노르아드레날린이 나온다고 합니다. 이 물질이 핏속에 있는 활성산소와 만나면 '암세포'가 된다고 합니다.

여러분은 지금까지 살아오면서 행복해서 웃었을 때가 얼마나 됩니까? 아마 손으로 꼽을 수 있을 것입니다. 인생은 행복보다는 고난과 역경이 더 많습니다. 그러면 어떻게 하면 행복하게 살 수 있습니까?

미국 스탠퍼드 의과대학 윌리엄 프라이William Fry 박사가 주장했듯이 억지로라도 웃다보면 행복해집니다. 왜냐하면 우리 뇌는 얼마든지 속일 수 있기 때문입니다. 예를 들어 손에 레몬을 하나 들고 입으로 콱 깨물었다고 상상해 봅시다. 나도 모르게 입안에 침이 고일 것입니다. 뇌가 속은 것입니다. 그렇습니다. 기분이 나쁠 때, 우울할 때 억지로라도 웃으면 뇌에서 엔돌핀이 나와 기분이 확 좋아지게 됩니다. 나는 가끔씩 기분이 안 좋을 때 통아저씨 춤을 추면서 돌아이가 되기도 합니다.

# 65

# 웃음의 가치

왜 웃으면서 살아야 하는가? 이 물음에 대한 답은 의외로 간단합니다. 나를 보는 사람들에게 행복을 주기 위해서입니다. '웃으면 복이 온다'는 코미디 프로그램도 있었듯이, 웃음은 우리의 삶에 윤활유 같은 것입니다. '얼굴' 이란 얼, 즉 정신(또는 영혼)과 굴, 즉 그릇이라는 뜻의 합성어라고 합니다. 따라서 얼굴은 나의 정신과 인격의 모습입니다. 그래서 가능한 밝은 모습, 따뜻한 모습, 긍정적인 모습을 보여야 하는 것입니다. 내가 웃으면 내 얼굴을 보는 상대방의 마음이 풍족해집니다. 웃음은 지친 현대인들에게는 안식이 되고, 낙망한 사람에게는 격려가 되며, 슬픈 사람에게는 희망의 빛이 됩니다. 그렇다고 웃음을 짓는데 결코 돈이 들어가는 것도 아닙니다. 다음과 같은 항목을 매일 실천하면서 살아봅시다.

소위, 미소 삶을 위한 10가지 습관Smile Ten-habits 입니다.

⑴ 오래 살려면 많이 웃어라. 1분을 웃으면 이틀을 더 살고, 5분간 웃으면 오백만원 상당의 엔돌핀이 생성된다.

⑵ 아침에 일어나 세수할 때 거울을 보고 활짝 웃어 보아라. 거울 속의 당신도 나에게 미소를 보낸다.

⑶ 웃으며 출근하고, 웃으며 퇴근하라. 활기찬 하루가 펼쳐진다.

⑷ 만나는 사람마다 웃겨라. 내가 있는 곳이 행복 천국이 되며, 보너스로 인기짱이 된다.

⑸ 비즈니스를 할 때나 물건을 살 때, 웃으면서 하라. 하나 살 것 두 개 사고, 서비스의 질도 달라진다.

⑹ 힘들 때, 화날 때, 우울할 때 억지로라도 웃으라. 나도 모르는 힘이 저절로 생겨난다.

⑺ 웃는 가족사진 등을 걸어놓고 수시로 바라보라. 용기백배가 된다.

⑻ 웃음노트를 만들어 웃겼던 일, 웃었던 일들을 기록하라. 웃음도 학습이다.

⑼ 아침, 점심, 저녁, 적어도 하루 3번 이상 웃는 시간을 정해놓고 정례적으로 웃으라. 하루의 삶이 천국이 된다.

⑽ 협상이나 회의를 할 때 먼저 웃고 시작하라. 아이디어가 샘솟는다.

# 66

# 실패 의식을 떨쳐 버릴 때
# 행복해집니다

생태학자들이 네 마리의 원숭이를 넣고 실험을 했습니다. 먼저 원숭이에게 매일 먹이를 조금씩 적게 주어 배고프게 만들고, 며칠 후 우리의 작은 구멍으로 바나나 한 송이를 매달아 내려 보냅니다. 허기에 지친 원숭이 한 마리가 바나나를 발견하고는 잽싸게 달려가 바나나를 막 집으려는 순간 미리 설치된 자동 설비로 뜨거운 물이 뿜어져 나와 그 원숭이는 전신 화상을 입게 되었습니다. 뒤이어 바나나를 먹으러 갔던 나머지 3마리 원숭이도 모두 똑같은 경험을 하게 되었습니다.

며칠 후 네 마리 원숭이 중 한 마리를 새로운 놈으로 교체를 했습니다. 이 새로 들어온 원숭이도 배가 고파 바나나를 집으러 가려고 하자 다른 세 마리의 원숭이가 즉각 그에게 위험을 알리며 바나나에 가까이 가지 말라고 알려줍니다.

며칠 후 과학자들은 다시 원숭이 한 마리를 교체했습니다. 이 새로운 원숭이도 바나나를 집으려고 할 때 이상하게도 화상을 입은 두 마리 원숭이는 물론이고 먼저 교체되어 들어갔던 한 마리 원숭이마저 적극적으로 두 번째 교체된 원숭이에게 바나나에 가까이 가지 말라고 말렸던 것입니다. 실험은 계속되어 우리 속의 화상경험이 있는 원숭이 모두를 새로운 원숭이로 교체하고, 또한 뜨거운 물을 뿜어내는 설비도 완전히 제거했지만 여전히 바나나를 집으러 가는 원숭이는 한 마리도 없었습니다. 왜냐하면 실패에 대한 두려움 때문이었습니다.

사람도 마찬가지입니다. 일을 하면서 일생을 통해 많은 실패를 하게 됩니다. 하지만 실패로 인한 두려움이 자신의 정신세계를 지배하게 되면 새로운 도전을 하기 어렵습니다. 과거에 경험했던 실패에 대한 의식을 떨쳐 버려야 변화에 적응하며 승리의 삶을 살 수 있습니다.

# 67

# 실패 속에 성공의 열쇠가 있습니다

'실패는 성공의 어머니'라는 말도 있듯이 우리는 실패를 통해 많은 것을 느끼고 깨닫게 됩니다. 따라서 실패가 우리 인생에 있어서 반드시 마이너스요인이 되는것은 아닙니다. 한두 번 시도해서 얻는 성공은 결코 위대한 것이 될 수 없을 것입니다. 그 정도는 누구나 할 수 있는 아주 평범한 것이겠지요.

위대한 것은 수십 번, 아니 수백 번의 실패와 도전 끝에 나옵니다. 20세기의 가장 위대한 발명품 전기(전구)는 발명왕 에디슨의 불굴의 의지가 만들어 낸 작품입니다. 에디슨은 전구를 발명하기 위해서 무려 2,300여 번의 실패를 거듭했다고 합니다. 그러나 그는 결코 포기하지 않았습니다.

미국인이 가장 존경하는 정치인 아브라함 링컨도 27번의 실패 끝에 그의 나이 51살이 되는 해에 미국의 제16대 대통령이 되었습니다. 또한 영국인들에게 가장 존경받는 정치인 윈스턴 처칠도 7번의 실패 끝에 수상이 되었습니다. 그래서 그들은 최고의 지도자가 될 수 있었습니다.

대부분의 사람들은 실패가 계속되면 먼저 기가 죽고 자신감이 없어집니다. 급기야는 모든 일을 포기하고 맙니다. 그러나 에디슨, 링컨, 처칠은 그렇지 않았습니다. 실패에 정면으로 맞섰습니다. 그들은 실패할 때마다 오히려 더 큰 꿈을 꾸었으며 더 큰 목표에 도전했습니다.

　우리도 그들처럼 실패를 디딤돌로 삼아 포기하지 않고 끝까지 도전한다면 언젠가는 성공이라는 정상에 우뚝 서게 될 것입니다.

# 68

# 또 다른 성공의 조건

성공의 조건에는 수많은 것이 있습니다. 하지만 그 무엇보다 가장 으뜸이 되는 성공의 조건은 '인내심' 또는 '불굴의 의지'입니다. 나는 강연 중에 이런 질문을 청중들에게 던져 봅니다. "성공하는 사람과 실패하는 사람의 차이가 무엇일까요?" 많은 사람들이 나름대로 성공의 조건을 말하지만 나는 힘주어 말합니다. 그 차이는 "포기하지 않는 것입니다." 포기하지 않고 끝까지 인내하면서 가면 언젠가는 성공이라는 정상에 우뚝 서게 될 것입니다. 여러분들도 등산을 많이 할 것입니다. 오래간만에 산에 올라가면 숨도 차고 힘도 듭니다. 8부 능선까지 가면 한계가 와서 포기하고 싶은 마음이 굴뚝 같습니다. 하지만 포기하지 않고 조금씩 쉬면서 끝까지 올라가면 어느 듯 정상에 도달합니다. 그렇습니다. 포기하지 않으면 언젠가는 성공합니다. 중간에서 포기해 버리면 실패로 끝나는 것입니다. 발명가이자 사업가인 토마스 엘바 에디슨Thomas Alva Edison, (1874. 2. 11~1031. 10. 18)은 실패를 밥 먹듯(?) 한 사람입니다. 한번은 젊은 기자가 그에게 엉뚱한 질문을 했습니다.

"에디슨 선생님, 당신은 지금까지 1만여 번이나 실패를 했는데 기분이 어떠세요?"

이에 에디슨은 대답했습니다.

"기자 양반, 나는 1만여 번 실패한 것이 아니고, 효과 없는 1만 가지의 새로운 방법을 발견해 냈을 뿐이네…"

그래서인지 그는 "천재는 99%의 노력과 1%의 영감이

다"라고 말할 수 있었을 것입니다. 위대한 것 중에 노력 없이 된 것은 결코 없습니다.

지금도 유명한 연설문에 빠짐없이 거론되는 연설은 윈스턴 처칠의 "포기하지 말라, 포기하지 말라, 결코, 결코, 결코, 포기하지 말라"라는 아주 짧은 연설문입니다. 그도 계속되는 실패에 결코 포기하지 않았기에 영국의 수상이 되었고 또한 그 실패의 경험을 살린 정치력을 발휘했기에 제2차 세계대전을 연합군의 승리로 이끌어낸 위대한 정치인이 될 수 있었습니다. 포기하지 않으면 언젠가는 성공합니다.

# 69

# 실패는 성공의 DNA

매우 값진 보석, 진주眞珠의 형성 과정을 아
십니까?

천연진주는 상처가 난 조개에서만 만들어집니다. 조
개는 외부 요인으로 껍질에 상처를 입어 그 상처 틈으로
외부의 이물질이 들어오면 폐사하고 맙니다. 따라서 조
개는 그 상처 난 부위를 자기 몸의 진액을 짜내어 막습
니다. 계속해서 진액을 짜내다 보면 남은 진액이 흘러내
려 쌓여서 만들어지는 것이 진주라고 합니다. 그러므로

진주는 조개의 고통의 산물인 것입니다. 고통은 아름답습니다. 사람도 고난을 통하여 더욱 성숙해져 갑니다. 미국 메이저 리그의 전설적인 홈런왕 베이브 루스Babe Ruth는 통산 714개의 홈런을 쳐, 11번이나 홈런왕에 올랐습니다. 하지만 그의 화려한 기록 뒤에는 통산 1,330개의 삼진 아웃이 있었습니다. 타석에서 삼진 아웃은 실패를 의미합니다.

베이브 루스는 타석에서 삼진아웃, 즉 실패를 두려워하지 않고 자신의 스윙을 당당히 했기에 위대한 업적을 남길 수 있었던 것입니다.

대한건아 박지성 선수도 마찬가지입니다. 그는 엄지 발가락이 다른 발가락보다 짧아, 축구선수로서는 치명적인 발 구조를 가지고 있으면서도 노력 하나로 이를 극복해 내었습니다. 또한 독일 슈투트가르트 발레단에서 수석 발레리나로 활약하고 있는 강수진씨도 마찬가지입니다. 인터넷에 공개되어 센세이션을 불러 일으켰던 그

녀의 기형적인 발가락은 그녀가 얼마나 피나는 노력을
했는지를 말없이 보여주고 있습니다.

실패는 성공의 어머니이자 성공을 위한 DNA입니다.
따라서 실패를 두려워하지 말고 도전 또 도전해야 성공
할 수 있습니다.

# 70

# 감사의 위력

세계적인 앵커우먼 오프라윈프리Oprah Winfrey는 자기의 성공비결을 오직 감사를 생활화했기 때문이라고 어느 방송 프로그램에서 고백했습니다. 그녀는 초라한 가정 환경을 비관하여 인생의 막장까지 내려갔을 때 자기를 변화시키기 위한 목적으로 하루에 5가지씩 감사의 조건을 써 보았다고 합니다. 자신의 처지에서 감사의 조건이 전혀 없을 거라고 평소에 생각했으나 감사의 조건을 억지로라도 써 보니 놀랍게도 너무나 많은 감사의 조건들이 있더라는 것입니다. 그 때부터 오프라윈프리는 마음을 고쳐먹고 감사하며 하루 하루를 열심히 살 수 있었고, 그 결과 현재의 위치까지 올 수 있었다고 고백하였습니다.

감사에는 두 가지 종류가 있습니다. 첫째는 '고마운 마음'에서 나오는 소극적인 감사이고, 둘째는 '소중히 여기는 마음'에서 나오는 적극적인 감사입니다. 고마운 마음에서 나오는 감사는 사람 뿐 아니라 동물들도 할 수 있는 감사입니다. 진정한 감사는 나에게 도움을 준 적은 없지만 그저 소중히 여기는 마음에서 나오는 무조건적 감사입니다. 이 무조건적 감사를 표현하면서 살다보면 엄청난 에너지가 나오고 기적이 일어나기도 합니다. 따라서 무조건적이고 적극적인 감사가 삶을 변화시키는 근원입니다. 마음을 먹고 찾아보면 우리 주변에 감사의 조건들이 너무 많습니다. 직장을 가진 자신에게 감사하고, 직장이 나에게 베푸는 것에 감사하고, 동료, 상사,

고용주에게 감사하고, 또한 상대방의 도움을 당연한 것으로만 여기지 않고 진심어린 마음에서 감사하고, 나아가 감사하기 힘든 상황에서까지 감사한다면, 오프라 윈프리 같은 놀랍고도 위대한 변화를 경험하게 될 것입니다.  지금 당장, 감사의 조건 5가지만 찾아 적어 보십시오. 당신에게도 놀라운 변화가 일어날 것입니다.

# 71

# 시인 송명희

역사적으로 신체적 장애를 가지고도 보란 듯이 성공한 사람들이 많습니다. 베토벤은 음악을 들을 수 있는 청각을 잃었지만 불굴의 의지로 수 많은 교향곡을 남겼고, 듣지도 말하지도 보지도 못한 헬렌켈러 여사가 그녀의 몸으로 실천한 숭고한 사랑은 바로 인간 승리였습니다. 30여년 전 루게릭병으로 시한부 삶을 선고받았던 스티븐 호킹 박사는 아인슈타인 이후에 최고의 물리학자로 추앙받고 있습니다. 우리나라를 대표하는 화가 운보 김기창 화백도 마찬가지입니다. 그는 9살 때 장티푸스로 청각을 잃고 그 후 언어장애까지 겪었으나 불굴의 의지로 우리 한국인의 의지와 혼이 담긴 명화를 남겼습니다. 또한 3살 때 뇌성마비로 정신적 육체적 장애를 입은 중증 장애인 '송명희' 시인은 주옥 같은 시로 모든 장애를 뛰어넘고 오히려 감사의 삶을 살아가고 있습니다. 그녀는 '나' 라는 자작시에서

"나, 가진 재물 없으나

나, 남이 가진 지식 없으나

나, 남에게 있는 건강 있지 않으나

나, 남이 갖고 있지 않은것 가졌으니

나, 남이 보지 못한 것을 보았고

나, 남이 듣지 못한 음성 들었으며

나, 남이 받지 못한 사랑 받았고

나, 남이 모르는 것 깨달았네…."

현재 우리나라에는 무려 450여만 명 정도의 장애인
이 있다고 합니다. 나는 이들을 생각할 때마다 멀쩡한
육체에 지식, 명예, 그리고 재물까지 가지고 있는 나 자
신이 너무 사치스럽기도 하고 황홀하기까지 합니다. 자
족自足하는 마음을 가질 때 감사가 나옵니다.

# 72

# 무조건 감사하기

대학 재학 중인 아들 녀석에게는 '승우'라는 절친이 있습니다. 같은 동네에 태어나 초등학교부터 대학까지 같이 다니는 운명(?)과도 같은 친구입니다.

내가 볼 때는 둘은 성격 차이도 있고 결정적으로 키 차이가 많아 절친이 될 수 없는 조건입니다. 하여간 둘은 매우 친한 것 같습니다. 고등학교를 진학하면서 둘은 1, 2지망 학교를 다 떨어지고 3지망에서 운명(?)적으로 함께하게 되었습니다. 이 소식을 전해들은 제 아내는 상기된 표정이 되면서 다음과 같이 말한 기억이 납니다.

"왜 하필이면 또 승우랑 같은 학교야…."

왜냐하면 승우는 항상 1등이었고 내 아들 녀석은 줄곧 그 뒤만 지켰기 때문입니다. 엄친아 승우가 있는 한 우리 아들은 영원한 2등이었기에 아내는 아쉬운 토로를 했던 것입니다. 하지만 내 생각은 달랐습니다. 오히려 감사했습니다. 저는 제 아들의 능력을 누구보다 더 잘 압니다. 제 아들은 그나마 선의의 라이벌 '승우'라는 친구가 자기 옆에 있었기에 2등의 자리라도 지킬 수 있었던 것이지요. 라이벌 관계마저도 감사하는 그런 무조건적인 감사가 두 녀석 모두를 한국 최고의 대학에 갈수 있게 한 힘이 된 것입니다. 끝으로 어느 무명의 농촌 목회자의 유언을 잠깐 소개하고자 합니다.

"나는 오늘까지
주변인으로 살게 된 것을 감사하고,

모아놓은 재산 하나 없는 것을 감사하고,

목회를 하면서 호의호식 않으면서도

모자라지 않게 살 수 있음을 감사하며,

이 땅에서 무슨 배경 하나 없이 살 수 있었음을 감사하고,

앞으로도 더 얻을 것도 없고

더 누릴 것도 없다는 것에 또한 감사하노라"


-전생수 목사의 유언중에서

# 73

# 쓸데없는 걱정하지 마세요!

심리학자들의 연구에 의하면 96%가 '쓸데없는 걱정'이라고 합니다.

걱정 중에

'절대로 일어나지 않을 사건에 대한 걱정이 40%',

'이미 일어난 사건에 대한 걱정이 30%',

'별로 신경 쓸 필요 없는 일에 대한 걱정이 22%'.

'바꿀 수 없는, 어쩔 수 없는 일에 대한 걱정이 4%'라고 합니다.

96%가 쓸데없는 걱정이고, 나머지 4%만이 걱정을 해야 해결될 수 있는 것이라고 합니다. 따라서 걱정 근심은 무의미하며 쓸데없는 것입니다. 걱정은 내일의 슬픔을 덜어주는 것이 아니라 오늘의 힘마저 빼앗아 갑니다. 돈 걱정, 자식 걱정, 남편(아내) 걱정, 집 걱정, 내일 걱정, 건강 걱정, 노후 걱정 등등 인생사 근심 걱정 모두 떨쳐버리고 "다함께 차차차"하면서 오늘 하루를 멋지고 즐겁게 살아갑시다. 오늘은 어제 죽은 사람이 그토록 바랬던 내일이니까요.

# 74

# 기러기 교훈

동물들도 아름다운 동료애를 가지고 있다고 합니다. 돌고래들은 부상당한 동료가 숨을 쉴 수 있도록 등으로 받쳐서 부상당한 고래가 물 위로 뜨게 해 준다고 합니다. 또한 2~3일 동안 피를 먹지 못하면 죽는 흡혈 박쥐도 죽어가는 동료를 위해 자기 피를 토해 나눠준다고 합니다. 몇 년 전 일본에서 이슈가 된 뉴스가 기억납니다. 꼬리에 못이 박힌 도마뱀이 3년 동안 생존했다는 보도였습니다. 그 생존 비결은 동료 도

마뱀들이 먹이를 날라 준 것이었습니다.

오랜 세월 동안 기러기의 습성을 관찰한 톰 제이 왓슨 Tom J. Watson은 기러기에 대한 몇 가지 특성을 발견하였습니다.

첫째, 기러기는 비행할 때 'V자' 모양의 대열을 형성한다고 합니다. 물론 앞쪽으로부터 건강하고 노련한 고참(?)이 서고, 뒤로 가면서 약하고 어린 녀석들을 세운다고 합니다. 왜냐하면 공기저항을 고려해서 배려했기 때문입니다. 리더가 솔선수범하여 희생하는 것입니다.

둘째, 비행할 때 '끼럭 끼럭' 소리를 지르며 갑니다.

어느 노래 가사에서는 이 소리를 '운다' 라고 표현하고 있지만 결코 우는 것이 아닙니다. '화이팅', '힘내어라' 하는 격려의 소리라고 합니다.

셋째, 기러기 한 마리가 아프거나 부상 당하면 다른 기러기들이 부상당한 기러기와 같이 대열을 떠나 그 기러기를 케어Care 한다고 합니다. 참으로 미물이지만 그 동료애가 뜨겁습니다. 이런 방식으로 비행하면 혼자 날 때보다 비행거리를 무려 71%정도 더 날 수 있다고 합니다. 사람이나 동물이나 서로 돕고 의지하면 행복이 두 배가 됩니다.

# 75

# 위기시대의 바람직한 직업관

미국의 서브 모기지 부실로부터 시작된 경제위기가 마치 소돔과 고모라의 재앙처럼 온 세계에 퍼지고 있습니다. 이러한 경제 한파의 영향은 유럽을 거쳐 아시아에도 영향을 미칠 것으로 보입니다. 특히 우리나라는 수출 비중이 높아 오히려 태풍의 중심에 서 있는 듯합니다. 권위 있는 대부분의 경제 전문가들이 2010년도의 우리나라 경제 전망을 낙관적으로 보고 있지는 않은 듯 합니다. 어쨌든 앞으로 1~2년 정도는 더 어려울 것이라는 것이 일관된 예측입니다. 경기가 어려우면 기업들은 살아남기 위하여 과감한 구조조정을 단행합니다. 따라서 지난 1997년의 IMF외환위기와 같은 대량실업을 다시 한 번 예고되고 있습니다.

　이러한 때 우리 근로자들은 어떤 자세로 직장생활을 해야 할까요? 나는 기본(초심)으로 다시 돌아가자는 견해를 드리고 싶습니다. 여기서 기본(초심)이란 바로 청교도 직업관에서 찾아 볼 수 있을 것입니다.

　첫째, 직업에는 귀천이 없으니 '천직의식'을 더욱 강화해야 합니다. 성경 창세기 3장 17절에서 18절 말씀을 보면, "아담에게 이르시되 네가 네 아내의 말을 듣고 너더러 먹지 말라한 나무 실과를 먹은즉 땅은 너로 인하여 저주를 받고 너는 종신토록 수고하여야 그 소산을 먹으리라." 따라서 노동勞動은 하나님이 주신 활동의 반복이라기보다는 오히려 '원죄'에 대한 '속죄'로, 그리고 낙원에서 추방당한 결과로써 인간이 감수해야 할 비탄과 고통으로 받아들여야 합니다.

둘째, 6일 동안 일하고 하루를 쉬는 것을 원칙으로 하고 있습니다. 창세기 2장 1절에서 3절 말씀을 보면, "천지와 만물이 다 이루니라 하나님의 지으시던 일이 일곱째 날이 이를 때에 마치니 그 지어시던 일이 다하므로 일곱째 날에 안식하시니라."하셨다. 신God이 명령하신 원초적 근무 기간은 주 5일이 아니라, 6일이 맞는 것입니다.

셋째, 게으르지 말고, 근면 성실하여야 합니다.

성경 데살로니가후서 3장 10절에서 "누구든지 일하기 싫어하거든 먹지도 말게 하라."하셨습니다. 반면, 열심히 일하는 자들에게는 적절한 댓가를 줄 것을 강조하였습니다. "곡식을 밟아 떠는 소의 입에 상을 씌우지 말며, 일꾼이 그 삯을 받는 것이 마땅하다."라고 디모데전서 5장 18절에 기록되어 있습니다. 조선시대 영조왕 때의 실학자 홍대용도 신분에 관계없이 누구나 일하는 것이 직업윤리라고 강조하였습니다.

마지막으로, 주인에게 순종하라는 것입니다.

여기에서 주인이란 고용주와 상사로까지 그 대상을 확대할 수 있을 것입니다. 성경 디도서 2장 9절에서 "종들로 자기 상전들에게 범사에 순종하여 기쁘게 하고 거스려 말하지 말며" 라고 하였습니다. 순종이 근로자들의 첫 번째 가는 미덕입니다.

어릴 적 동화책에서 읽었던 '토끼와 거북이' 이야기를 잘 압니다. 지금의 경제위기에서 우리 근로자들은 '토끼' 와 같은 삶이 아니라 다른 사람 보기에 좀 답답하고 미련스럽게 보일지라도 '거북이' 처럼 성실하고 순수하게 사는 것도 작금의 시련을 피해가는 한 가지 지혜임을 잊지 말아야 할것입니다.

# 76

# 마음으로 최선을 다하는 삶

스티븐 스필버그Steven Allan Spielberg 감독, 톰 행크스 주연의 '라이언 일병구하기 Saving Private Ryan' 라는 전쟁 영화가 있습니다. "너무 상업성 위주로 영화를 만든다."라는 세간의 비판을 보란 듯이 잠재운 스티븐 스필버그 감독의 작품입니다. 2차 세계대전을 배경으로 했는데 라이언가家의 네 형제가 전쟁에 참전, 그 중 세 명이 사망하자 비탄에 빠진 그들의 어머니를 위로하기 위해 미국 행정부가 전쟁에 노련한 밀러 대위와 7명의 정예요원을 독일군 지역에 투입하여 우여곡절 끝에 라이언 일병을 구하고 임무를 완수하게 되는데, 그를 구하는 과정에서 불행하게도 밀러 대위와 7명의 대원들은 모두 전사하게 됩니다. 밀러 대위는 라이언 일병의 품에 안겨 죽어가면서 "라이언, 꼭 살아서 돌아가야 해, 그리고 훌륭하게 살아야 해"라는 말을 남기고 숨을 거둡니다. 영화의 마지막 부분에서 노인이 된 라이언은 가족들과 함께 밀러 대위가 묻혀 있는 무덤을 찾아와서 다음과 같이 고백합니다.

"가족과 같이 왔습니다. 오고 싶어 해서요."

"여기 오면 기분이 어떨까 생각했습니다."

"다리에서 하신 말씀을 매일 생각했습니다."

"최대한 잘 살려고 노력했고, 그런대로 잘 살았습니다."

"최소한 대위님의 눈에 대위님의 희생이 헛되지 않아 보였기를 바랍니다."

그 때, 그의 부인이 다가와 말을 건넵니다.

"여보, 밀러 대위?"

라이언은 그의 부인에게 묻습니다.

"여보, 나 훌륭하게 살았을까?"

"물론이죠, 당신은 훌륭하게 살았어요."라는 부인의 대답으로 영화는 엔딩Ending을 합니다.

독자 여러분의 지금까지의 삶은 어떠했습니까?

라이언 일병처럼 다른 사람의 희생과 도움을 생각하면서 훌륭하게 사셨습니까? 감사하면서 사시고 계십니까?

# 77

# Never Give Up!

우리가 어릴적 부르던 노래 중에 '황포돛대' 라는 노래가 있습니다. 이 노래를 듣고 있으면 삶의 목표가 없고 목적지도 모른체 살아가는 삶을 생각나게 합니다. 목적이 없는 삶이나 인생은 얼마나 황망하고 재미가 없을까요?

지금은 예상치 못한 글로벌 경제위기로 말미암아 국가도 기업도 개인도 모두가 어렵습니다. 어렵다고 방법이 없다고 포기하거나 좌절해서는 안 될 것입니다. 최근에 '고은성' 신드롬이 생겼다는 인터넷 기사를 보았습니다. '위대한 유산'의 드라마 주인공인 '고은성'처럼, 넘어지면 또 일어나고 넘어지면 또 일어나는 오뚝이 같은 의지가 필요하다는 의미겠지요.

그림에서 개구리의 운명은 어떻게 될까요?

죽는다? 산다? 제가 생각하기엔 살 수 있는 확률이 높다고 판단이 됩니다.

왜냐하면 개구리는 살기위해 황새의 목을 죽을 힘을 다해 조르고 있기 때문입니다. 죽을 힘을 다해 노력하면 이루지 못할 일은 결단코 없습니다.

"위기는 곧 기회다"라는 말도 있듯이 어려울수록 좀 더 분명한 목표와 구체적인 실천 계획을 세워 앞으로 앞으로 전진해 나갑시다.

# 마음경영의 기술

1판 1쇄 인쇄 2010년  5월 14일
1판 1쇄 발행 2010년  5월 20일

지 은 이  오세란
펴 낸 이  채주희

펴 낸 곳  해피&북스
등록번호  제 13-1562호(1985. 10 .29)
주    소  서울시 마포구 신수동 448-6
전    화  323-4060
팩    스  323-6416
이 메 일  elman1985@hanmail.net


I S B N   978-89-963809-3-1 03320